本著作为教育部人文社会科学研究项目(23XJC890004)资助成果。

可持续城市视野下
奥运城市发展研究

余莉萍◎著

光明日报出版社

图书在版编目（CIP）数据

可持续城市视野下奥运城市发展研究 / 余莉萍著.
北京：光明日报出版社，2025.2. -- ISBN 978 - 7 - 5194 -
8531 - 3

Ⅰ. G811.21；F299.21

中国国家版本馆 CIP 数据核字第 202535SK71 号

可持续城市视野下奥运城市发展研究
KECHIXU CHENGSHI SHIYE XIA AOYUN CHENGSHI FAZHAN YANJIU

著　　者：余莉萍	
责任编辑：杨　娜	责任校对：杨　茹　董小花
封面设计：中联华文	责任印制：曹　诤

出版发行：光明日报出版社
地　　址：北京市西城区永安路 106 号，100050
电　　话：010-63169890（咨询），010-63131930（邮购）
传　　真：010-63131930
网　　址：http://book.gmw.cn
E - mail：gmrbcbs@gmw.cn
法律顾问：北京市兰台律师事务所龚柳方律师

印　　刷：三河市华东印刷有限公司
装　　订：三河市华东印刷有限公司

本书如有破损、缺页、装订错误，请与本社联系调换，电话：010-63131930

开　　本：170mm×240mm	
字　　数：200 千字	印　　张：15
版　　次：2025 年 2 月第 1 版	印　　次：2025 年 2 月第 1 次印刷
书　　号：ISBN 978 - 7 - 5194 - 8531 - 3	
定　　价：95.00 元	

版权所有　　翻印必究

前　言

在奥运会申办城市减少，主办城市可持续发展问题亟待解决的今天，需要在可持续城市理论下探究奥运会与城市可持续发展的关系，使奥运会和主办城市之间良性互动、共赢发展。2022年北京冬奥会是首届在国际奥委会推出《奥林匹克2020议程》改革措施后，在一个完整的筹备过程中，根据奥运会与主办城市共同可持续发展的"双赢"模式举办的冬奥会。在北京、张家口联合举办2022年冬奥会的契机下，实践奥运会与可持续城市互动共赢模式，对解决冬奥会举办过程中城市发展的经济、环境、社会问题有着重要意义。

本书采用文献资料法、个案研究法、专家访谈法、实地调查法，在可持续城市视野下对奥运会与主办城市互动关系及其对2022年北京冬奥会的影响进行研究。首先回顾了可持续城市、大型赛事与主办城市的互动以及奥运会对主办城市影响的研究进展。本书认为奥运会的可持续性是以主办城市的可持续发展为前提的。"可持续城市"理念集中反映了城市可持续发展的核心内容。因此，讨论奥运会与主办城市可持续发展的关系，就是讨论其与"可持续城市"的关系。

在此基础上，本书提出了"奥运会与可持续城市互动共赢模式"，即奥运环境规划与可存续环境相适应、奥运产业经济与绿色经济相协调、奥运生活方式与和谐社会相契合的发展模式，兼顾了奥运会的可持续性与主办城市的可持续发展，因此这一模式既符合国际奥委会等国际组织的利益，也符合奥运会主办城市的利益。同时，奥运会与可持续城市的关系建立在两者以人的发展为共同旨归，并在国际奥委会可持续政策的改革以及不同奥运城市可持续发展计划中得以实践。奥运会与可持续城市互动关系的建立，一方面通过奥林匹克运动体育、文化、环境支柱与可持续城市和谐社会、绿色经济、可存续环境支柱的结合，使奥运会促进城市可持续发展；另一方面通过可持续城市理念对主办城市环境规划、产业经济、生活方式的引领，促进奥运会可持续发展。

北京作为《奥林匹克2020议程》改革下第一届申奥成功的城市，实践奥运会与可持续城市互动共赢模式具有重要意义。在可存续环境理念下，北京在环境规划中将赛事环境治理转化为对城市环境的长期改善，将冬奥设施规划与城市未来发展相结合，并将冬奥环保与规划措施形成遗产。在绿色经济理念下，北京冬奥会在筹办过程中始终坚持"四个办奥"理念，并促进城市产业发展的绿色转型，推动城市经济的增长。在和谐社会理念下，北京和张家口在冬奥会契机下提升城市公共服务水平，增进社会包容与融合，促进可持续生活方式的塑造。对京津冀区域而言，2022年冬奥会在奥运会与可持续城市互动共赢的模式下，还在一定程度上加速了京津冀区域环境协同治理、促进区域经济协调发展、推动和谐社会协同发展。

在以奥运会为代表的大型体育赛事与可持续城市互动发展的实践中，赛事与主办城市良性互动、共赢发展是实现两者可持续发展的必然选择。通过奥运会与可持续城市互动共赢模式的理论建构和实践探索，可以在奥运会超级规模给主办城市造成负担，给奥林匹克自身的生存发展带来威胁的今天，有效形成举办城市及区域的赛事遗产，以实现赛事和城市的可持续发展。

本书的主要特点是理论与实践相结合，提出了奥运会与可持续城市互动共赢的理论分析框架，并在以北京冬奥会为代表的奥运赛事中，实践奥运会与可持续城市互动共赢的模式，对赛事与城市的可持续发展以及城市赛后遗产的形成具有一定的参考价值和意义。

序 一

奥运会作为全球最具影响力的体育赛事，其意义已远超体育领域，其在促进城市发展、文化交流和社会进步等方面发挥着重要作用。随着奥运会规模不断扩大，影响因素持续增多，举办城市面临的挑战也日趋复杂。其中，可持续发展问题成为全球关注的焦点。如何让奥运会与举办城市形成双赢的可持续发展新样态，已是国际社会高度关注的核心议题。

北京冬奥会是国际奥委会推出《奥林匹克2020议程》改革措施后，首届在一个完整的筹备过程中根据奥运会与举办城市共享可持续发展的"双赢"模式举办的冬奥会。正是在这一背景下，作者以2022年北京冬奥会为案例，深入探讨了奥运会与可持续城市的互动关系，基于体育、文化、环境的奥运三大支柱与和谐社会、绿色经济、可存续环境的可持续城市三大支柱的结合，提出"奥运会与可持续城市互动共赢模式"。作者对北京冬奥会的环境规划、产业经济、社会生活等诸多领域进行了深入研究，探究了奥运会与举办城市良性互动、共生共赢的具体路径，为奥运会可持续发展研究提供了新的理论框架，也为举办城市借势奥运会促进自身的可持续发展提供了可操作的实践参照。

此外，作者还从区域协同发展的视角切入，深入探讨了奥运会与区域可持续发展的关系。2022年的北京冬奥会，不仅推动了北京和张家口两座城市的可持续发展，还在一定程度上加速了京津冀区域的环境协同治理、经济协调发展以及和谐社会建设。这部分研究使得本书的内容更为全面和深入，也为未来大型赛事与区域发展的研究提供了新思路。

本书突出的特点是理论与实践的结合。作者提出了奥运会与可持续城市互动共赢的理论分析框架，进而以北京冬奥会的具体实践，验证该框架的可行性和有效性。因此，这一研究不仅具有学术价值，还具有现实意义。

这本专著是余莉萍在其博士学位论文的基础上，经过数年的精心打磨，加工完善而成。作为导师，我目睹了她在整个研究过程中遇到的一系列困难和克服这些困难付出的艰辛，很高兴看到她最终颇为成功地完成了这一具有相当难度的课题研究。她在研究中展现出良好的学术素养、严谨的治学态度和勇于提出新观点的学术勇气。

今天，当代社会和科技的快速发展，对以奥运会为代表的大型赛事提出了一系列极具挑战的新问题。相信本书的出版能够激发更多的学者，特别是青年学者对奥运会与举办城市互动关系的关注，从而推动这一领域的研究不断深入。也希望作者将自己的研究延续下去，在未来的学术生涯中不断有新成果面世。

是为序。

任海

（北京体育大学教授、博士生导师）

序 二

获悉广西大学体育学院余莉萍博士的大作《奥运会与可持续城市良性互动研究》即将付梓出版并邀请我作序，内心十分欣慰又很忐忑。欣慰的是，作为莉萍的高级访问学者导师和博士后合作导师，我见证了她这几年取得的丰硕学术成果；忐忑的是，这部著作是在她博士论文基础上完成的，而她的博士生导师是国际知名的奥林匹克研究泰斗任海教授，忝列任老师之后作序，内心的压力可想而知。

2024年，我自己指导的学生团队开始进行研究转向，从全球体育治理的问题领域切换到奥林匹克组织领域，我将其称为"回到组织"。然而，对于已经毕业的学生或者在职进修的老师，我希望他们继续深耕奥林匹克研究的沃土，从不同的角度研究奥林匹克运动，这些视角无外乎组织、赛事、改革、教育等社会科学视角，而莉萍就在赛事与城市互动关系中找到了很好的切入点，这个视角与团队中惠敏博士研究的奥运会申办议题、海燕博士研究的奥运会遗产议题形成互补。

我曾多次阅读莉萍的博士论文《奥运会与可持续城市良性互动研究》并提出意见，借此次作序之际重新拾起温习，恰巧近期阅读了基本相关主题的作品《大型活动与现代性》《奥运的诅咒》《美国体育史》《城市体育——美国城市社会的变迁与体育的崛起》，刚好一并阐述自己的看法与观点。以 Bent Flyvberg 和 Andrew Zimbalist 为代表的学者对奥运会作为巨型项目的潜在风险与负面影响进行了批判性研究，他们的基本观点是，历史上呈现出的奥运会都存在成本超支问题，奥运会对主办城市和地区带来的经济社会影响往往被夸大。[1]这些研究使得人们开始纠结：奥运城市白象效应的存在和国际奥委会宣传资料的精美，到底哪一个是真，哪一个是假！前者可以在蒙特利尔陷阱、奢华的索契冬奥会、荒废的里约奥会场馆中找到证据，而后者可以在《The Olympic Games Framework》[2]和《Olympic Winter Games in Numbers》[3]里一串串光鲜亮丽的数字中得到印证。莉萍的著作可以在一定程度上帮助学界认识与深化作为大型体育事件（MSE）的奥运会与可持续城市之间的互动关系，也可以在一定程度上客观看待奥运会对城市带来的复杂杠杆效应。

Allen Guttmann曾经梳理了从玩耍到游戏，再到竞技转变的过程，将现代体育的本质归结为七方面：世俗化、平等化、专业化、理性化、科层制、量化和纪录。[4]而Steven Riess将这种体育的现代性特质与城市化进程紧密联系在一起："城市是使体育变得现代化的地方，也就是说，是体育变得理性化、专业化、有组织、商业化和职业化的地方。"[5]城市生产生活方式的更新催生了城市居民对公共空间和休闲生活的追

---

[1] FLYVBERG B., NILS B., WERNER R. Megaprojects and Risk: Anatomy of Ambition [M]. Cambridge, UK: Cambridge University Press, 2003; ZIMBALIST A.Circus Maximus: The Economic Gamble Behind Hosting the Olympics and the World Cup [M].Washington D.C.: Brookings Institution Press, 2015.

[2] International Olympic Committee. Olympic Games Framework: Published for The 2024 Olympic Games [R]. Lausanne, Switzerland, 2015.

[3] International Olympic Committee. The Olympic Winter Games in numbers: Vancouver 2010, Sochi 2014 and Pyeong Chang 2018 [R]. Lausanne, Switzerland, 2017.

[4] GUTTMANN A .From Ritual to Record: The Nature of Modern Sports [M].New York: Columbia University Press, 1978.

[5] RIESS S A. City Games: The Evolution of American Urban Society and the Rise of Sports [M]. Urban and Chicago: University of Illinois Press, 1991: 137.

寻与期待，作为个体休闲的健身锻炼行为和作为集体娱乐的观赏体育行为应运而生，而后者激发了大型赛事在城市落地深耕的热潮与潜力，无论是具有主场特质的职业体育赛事抑或是具有周期属性的竞争性投标赛事，都纷纷在拔地而起的城市体育场馆和人群聚集的城市公共空间中找到了归属。城市与体育，特别是城市与赛事这一对几乎可以称之为孪生关系的主体蕴含着现代体育发展的丰富面向，也隐藏着现代体育研究的学术密码。从这个意义上看，莉萍博士的这本著作可谓抓住了奥运会研究的"牛鼻子"！

我认为本书在如下三个层面做出了学术贡献、取得了突破与创新。其一，本书牢牢把握可持续城市的研究命题。书中指出，可持续城市是基于可持续发展理念指导下的城市发展目标和发展方式，可以将经济、环境、社会作为考量城市可持续发展的要素，并将可存续环境（Viable Environment）、绿色经济（Green Economy）、和谐社会（Harmonious Society）等城市发展目标作为可持续城市的三大支柱。从全书的章节要点来看，每个分主题的论述都能够将上述要素一以贯之，使得内在的逻辑架构和叙事方式做到自圆其说、自成体系。其二，本书提出了具有说服力的奥运会与可持续城市关系的学术观点。书中认为，奥林匹克运动与可持续城市在环境层面上呈现出相似的问题，在解决环境问题的目标上又表现出一致的取向；奥林匹克文化支柱是可持续发展价值观念转变的桥梁，对可持续城市绿色经济的达成起着促进的作用。同时，奥林匹克体育支柱又是可持续生活方式引导的主要内容，对可持续城市和谐社会的实现有着重要的意义。可持续城市对奥运会可持续发展的促进需要落实在主办城市的可持续发展上，通过可存续环境、绿色经济、和谐社会三大支柱引领城市奥运环境规划、产业经济以及生活方式的建设，促进奥运会的可持续发展。难能可贵的是，本书在双向互动关系基础上提出了奥运会与可持续城市互动共赢的模式，如奥运环境规划与可存续环境相适应的发展模式、奥运产业经济与绿色经济相协调的发展模式、奥运生活方式与和谐社会相契合的发展模式等。其三，本书将2022年北京冬奥会作为个案进行考察，立足中国视角、强化中国贡献。书中指出，2022年北京冬奥会是在人口密集、环境污染严重、发展不均衡、社会资源不平等的城市及区域，探索如何对人居可存续环境改善、绿色经济发展以及和谐社会的构建做出可持续城市示范的契机，也是实践奥运会与可持续城市互动共赢新模式的良好平台。

诚然，奥运会与城市关系的研究是一个复杂的命题。Helen Lenskyj认为，按照福利经济学的理论，奥运会将导致积极和消极两种外部效应（溢出效应）。[①] 城市及周边地区从奥运会举办中可以实现基础设施的完善，但居住混乱和高税收指出的负面效应不可小觑。此外，无论是国际奥委会的奥运会影响报告（OGI）报告和奥运会组委会的遗产报告，抑或是奥运研究专家Holger Preuss和Jean-Loup Chappelet提出的奥运遗产评估框架，奥运会对主办城市和地区带来的影响是多领域、全环节的，环境、城市、政策、技能、文化等都在考虑之列，而国际奥委会提出的"遗产是一种愿景的结果"直接提醒我们应该关注由奥运会引发的结构变化所导致的结果，即强调举办奥运会过程的结构变化，而不是只关注办奥所产生的结果。从实践层面看，国际奥委会在改革路线图《奥林匹克2020议程》中有关奥运会的改革理念指出，应该实现奥运会成为主办城市长期可持续规划的重要组成部分，这种战略契合（Strategic alignment）实际上反映了国际奥委会已经低下了高贵

[①] LENSKYJ H J, BURSTYN V. Inside the Olympic Industry: Power, Politics, and Activism [M]. Albany: State University of New York Press, 2000.

的头颅，让城市适应奥运会已经不合时宜，让奥运会适应城市才是正确选择。

从上述角度回顾、对照莉萍博士的这本著作，认为还有不少可以延展突破的空间，如大型事件本质和人群聚集特征决定奥运会对主办城市带来的短期与长远影响是巨大的，如何减少碳排放、碳足迹，实现碳中和？如何控制赛事成本，减少城市负担？如何开发目的地旅游，为城市带来持续营收？中国特色社会主义制度集中力量办大事的特征保证了2008年北京奥运会、2022年北京冬奥会在规划设计与交付运行过程中能够做到与主办城市地区的战略契合，这种模式能否在今后的申奥办奥实践中得到复制和移植，以强化奥运会与城市互动关系的良好榜样作用？夏季奥运会与冬季奥运会在气候条件、城市载荷、资源禀赋方面具有截然不同的要求，如何区分两种不同类型奥运会对主办城市带来的影响，以使得今后申办奥运会或冬奥会的城市（地区）找到参照系？当然，这些学术命题不影响莉萍这本著作的闪光点，就留待她在今后的奥林匹克研究道路上思考和解答吧！

王润斌

（福建师范大学教授、博士生导师）

目 录
CONTENTS

第一章 绪 论 ·· 1
　一、问题的提出 ·· 1
　二、研究目的和意义 ·· 4
　三、研究的理论基础 ·· 5
　四、研究对象及研究方法 ······································· 14

第二章 文献综述 ·· 18
　一、关于可持续城市的研究 ····································· 18
　二、大型赛事与主办城市的互动研究 ····························· 33
　三、奥运会对主办城市影响研究 ································· 42

第三章 可持续城市——城市可持续发展的目标定位 ················ 59
　一、可持续城市的概念界定 ····································· 60
　二、可持续城市的要素禀赋——三大支柱及其内涵 ················· 61
　三、小结 ·· 70

第四章 奥运会与可持续城市互动的基础 ·························· 71
　一、理论基础：人的发展是可持续城市与奥林匹克运动的
　　　共同旨归 ·· 71
　二、实践基础：奥运会改革和实践对可持续城市理念的响应 ······· 80

1

三、小结 ··· 96

第五章　奥运会与可持续城市互动关系的建立及互动模式的提出 ···· 98
　　一、奥运会对城市可持续发展的促进 ····································· 98
　　二、可持续城市理念促进奥运会可持续发展 ························ 112
　　三、奥运会与可持续城市互动共赢模式的建立 ···················· 119
　　四、小结 ·· 122

第六章　奥运会与可持续城市互动共赢模式对2022年冬奥会及
　　　　主办城市的影响 ··· 124
　　一、北京冬奥会实现城市可持续发展的挑战 ························ 125
　　二、可存续环境理念对北京冬奥会环境规划的影响 ············· 138
　　三、绿色经济理念对北京冬奥会产业经济的影响 ················ 155
　　四、和谐社会理念对北京冬奥会生活方式的影响 ················ 169
　　五、京津冀一体化格局下实践新模式的积极意义 ················ 187
　　六、小结 ·· 202

主要参考文献 ··· 204

第一章

绪 论

一、问题的提出

（一）奥运会申办城市减少影响自身可持续发展

进入21世纪以来，奥运会在取得前所未有的辉煌的同时，也遇到了前所未有的挑战。其中最核心的问题是各国申办的积极性急剧下降。2022年冬奥会的五个申办城市中，波兰的克拉科夫、挪威的奥斯陆和乌克兰的利沃夫三个城市先后退出，剩下中国的北京—张家口和哈萨克斯坦的阿拉木图。同样，申办2024年夏季奥运会的五个城市中，德国的汉堡、意大利的罗马和匈牙利的布达佩斯退出，剩下法国的巴黎和美国的洛杉矶。为了防止出现2028年夏奥会无城市申办的尴尬局面，国际奥委会不得不采取非常措施，将这两届奥运会"分配"给巴黎和洛杉矶。各国对举办奥运会态度趋冷的最重要原因，是举办成本过高、负担过重，奥运会后留下难以处理的负遗产。

面对奥运会无人愿意申办的严重局面，国际奥委会意识到奥运会能否持续下去，取决于其能否减轻主办城市的负担，并对城市产生可持续的正面影响。奥运会的可持续性取决于主办城市的可持续性，这就需要以奥运会促进主办城市的可持续发展，以达到促进奥运会可持续发展的结果。这种观念的转变极为重要，意味着奥运会将只顾自己高大上的形象，牺牲主办城市利益的传统的"一赢一输"的举办模式，改变为奥运会与主办城市共同可持续发展的"双赢"模式。2014年国际奥委会制定的《奥林匹克2020议程》明确地表达了这一新的举办理念。然而，这种新的奥运会与主办城市的"双赢"模式的具体形态究竟如何，国际奥委会并未给出答案。

2022年北京冬奥会是首届在国际奥委会推出改革措施后，在一个完整的筹备过程中，根据新的"双赢"模式举办的冬奥会。因此，首先需要对这种"双赢"模式进行探讨，继而探讨依据这一新模式举办的这届冬奥会与主办城市之间具体的互动关系。

（二）奥运会主办城市可持续发展问题亟待解决

城市经济社会的聚合、裂变和辐射效应使得奥林匹克运动与城市紧密相连，自诞生之日起奥林匹克运动就与城市结下了不解之缘，现代奥运更是深深地打上了城市的烙印。不同城市及其元素与奥运的结合，使奥运会既延续了体育盛会的血脉，又凸显出超越体育的魅力。

随着奥林匹克运动在国际上影响力的增强，奥运会的规模也越来越大。奥运会不仅是全世界规模最大的综合赛事，还是综合水平最高的顶级赛事，各国顶级体育明星同场竞技、世界各地海量观众同时聚焦、各路媒体及赞助商趋之若鹜，奥运会无论"吸睛"还是"吸金"能力在世界范围都是首屈一指的。奥运会不仅在项目数量上远高于其他综合赛事，更是在体育文化上形成了凝聚效果。奥运会最特别的还在于其"奥运氛围"的营造。由于"奥运氛围"是基于综合性赛事产生的，是多种运动项目整合才能产生的整体影响，因此，奥运会需要浓缩于一定的时空范围。[①]

[①] 任海.《奥林匹克2020议程》：寻求理想与现实之间新的平衡［M］//任海，达科斯塔，米拉加娅，等.奥林匹克研究读本·第二卷.北京：北京体育大学出版社，2016：20-41.

然而项目的扩充、参与人数的增加、活动组织体系的扩增,这些问题使得主办城市在资金和资源的消耗上承受着巨大的压力。奥运会的膨胀又推动了主办城市相关的设施支撑以及服务需求的膨胀,场馆设施、交通设施、餐饮住宿、安全保障等一系列基础设施和服务都必须与赛事配套。不仅是资源的数量有所要求,作为顶级赛事的奥运会对设施和服务的质量有着极高的标准,奥运会需求前后的巨大落差更使得这一状况难以消解,宏大而奢侈的奥运会使许多城市赛后长期背着沉重的负担。然而,城市的可持续性关系着奥林匹克运动的可持续发展,若主办城市因负担过重而拒绝奥运会,将直接导致奥林匹克运动的不可持续发展。

John Bale 等学者甚至认为奥运会成为奥林匹克理想实现的阻碍,"事实上,如果我们想营造一个和平、平等的世界文化氛围,使奥林匹克主义及其价值得以幸存,唯一的方法就是取消奥运会"[1]。显然,如果要保持奥林匹克运动的可持续性,对奥运会与主办城市关系的探索和改革刻不容缓。

作为2022年冬奥会的主办城市,北京、张家口除了需要履行对国际奥委会的承诺外,城市环境、经济、社会发展存在的问题已经通过冬奥契机解决。冬奥会不仅是一项重要的国际赛事,对主办城市来说,是加快建设和地区发展的可持续发展的难得机遇。经历了由2008年奥运会带来的国家形象以及民族自豪感和自信心的提升,第二次举办奥运赛事的北京更有必要借助奥运会的契机,把冬奥会的成功举办与城市自身、区域协调的可持续发展结合起来。

一届"精彩、非凡、卓越"的冬奥会更能证明奥林匹克运动能够

---

[1] BALE J, CHRISTENSEN M K. Post-Olympism? Questioning Sport in the Twenty-First Century [M]. London:Routledge,2004:242.

走在可持续发展的前列，留下积极的遗产，对于保持奥运会在潜在的主办城市及其居民之间的长期吸引力有着重要的作用。2022年"双城模式"下的北京冬奥会如何建立奥运会与主办城市之间良好的互动关系，实现两者的可持续发展，成为北京2022年冬奥留给主办城市及奥运会的宝贵经验。

二、研究目的和意义

（一）研究目的

本书试图将奥运会与可持续城市理念相结合，探寻一种奥运会与主办城市可持续发展相协调的良性互动模式，以应对奥运会与主办城市的现实困境，并在北京、张家口联合举办2022年冬奥会的契机下实践奥运会与可持续城市良性互动的新模式，以强化冬奥会对主办城市的正面影响，弱化负面影响，形成丰厚的奥运城市遗产。

（二）研究意义

随着奥运会规模的扩大以及比赛标准的提高，举办奥运会给城市带来了巨大的压力。奥运会申办城市的减少，迫使人们思考奥运会应该与主办城市形成一种新的关系，以使两者良性互动、共赢发展。

可持续城市作为可持续发展理念影响下的城市发展方式，对解决城市强劲扩张带来的社会、经济和环境矛盾有着重要的现实意义。在《奥林匹克2020议程》提出与遗产和可持续发展主题密切相关的新的奥运会申办程序后，通过将奥林匹克理念与可持续城市理念的有机结合，探索城市与奥运会相协调的可持续发展的新模式，对于保持奥运会在潜在主办城市及其居民之间的长期吸引力，解决奥运会缺乏城市申办的尴尬境遇，从而促进奥运会和主办城市可持续发展有着重要的理论意义。

在携手张家口成功获得2022年冬季奥运会的举办权后，北京已成为世界上第一个举办过夏奥会和冬奥会的城市，"申办成功后能否积极地实现可持续发展和奥运遗产的利用"也成为国际奥委会最关注的问题。同时，北京冬奥会又是国际奥委会发布《奥林匹克2020议程》改革后申办成功的首届奥运会，是实践奥运会可持续发展的改革，证明奥林匹克运动能够走在可持续发展的前列，留下积极的城市遗产的重要尝试。北京和张家口通过冬奥会的成功举办与城市自身、区域协调的可持续发展结合起来，对树立奥林匹克运动与城市之间良性互动、共赢发展的关系模式有着重要的实践意义。

三、研究的理论基础

（一）可持续城市理论

可持续城市理论一方面源于可持续发展理论在城市研究领域的应用，另一方面来自城市规划理论中面向可持续发展理念的应用。

1. 可持续发展理论在城市研究领域的应用

城市作为人类活动的主要场所，其发展方式、发展水平将直接决定大多数人口的生存质量和资源环境的可持续性。

18世纪欧洲工业革命以后，专业化、标准化的生产模式使得社会生产力突飞猛进，城市经济迅速发展、财富急剧增长。与此同时，随着工业化的推进以及就业机会的推动，大量人口开始涌入城市，城市化及过度城市化问题日益凸显。由于人类生存方式和生活方式的改变以及人口的急剧增长，城市内部和城市之间的非均衡发展带来的城市有机整体性破坏及生态空间的多样性和平等性破坏，规模扩张带来的资源环境危机等"城市病"已经严重威胁人类的生存和发展。

从1798年马尔萨斯提出的《人口论》到1972年罗马俱乐部《增长的极限》问世的100多年间，环境危机逐步受到人类重视的同时，生态意识也得到了同步的提高。1987年，世界环境与发展委员会颁布《布伦特兰报告》，其中最重要的内容就是定义了可持续发展理念的核心要义——既满足当代人的需求，又不对后代人满足自身需求的能力构成危害的发展。[①] 自可持续发展的理念提出至今，它始终都是世界各国在发展当中强调的要素。这一命题的提出被称为人类社会发展史上一次划时代的事件。1992年，联合国环境与发展大会发布《21世纪议程》，确立了可持续发展的基本架构，使得可持续发展理念在往后二三十年的时间内，获得世界各国的积极响应与支持，并得到高度关注，融入各国的发展行动之中，成为指导国家发展的纲领和基本战略。

2015年9月25日，联合国纽约总部召开了可持续发展峰会，正式通过《2030年可持续发展议程》（Agenda 2030），以指导2015年到2030年间可持续发展工作的政策制定和资金使用，并做出彻底消除贫困的历史性承诺。《2030年可持续发展议程》包含17个普遍适用的可持续发展目标，旨在协调环境、社会及经济三个维度的可持续发展。其中包括应对严峻的环境挑战，尤其是气候挑战；创造更好的就业机会；促进和谐、包容的社会。

近几十年，世界经历了前所未有的城市增长。2015年，将近40亿人生活在城市，超过世界总人口的一半。到2030年，这一数字预计将上升至约50亿；城市覆盖的土地面积也将扩张3倍。迅速的城市化带来了巨大的挑战，包括贫民窟居住者人数不断增加、空气污染加剧、基本服务和基础设施不足以及城市无序扩张。这使城市更加易受灾害影

[①] 世界环境与发展委员会.我们共同的未来［M］.王之佳，柯金良，等译.长春：吉林人民出版社，1997：52.

响。《2030年可持续发展议程》中涵盖了"可持续城市和社区"这一目标，旨在建设包容、安全、有抵御灾害能力和可持续的城市和人类住区，同时下分10项具体目标，从环境、经济、社会方面对城市可持续发展提出展望。

莫里斯·斯特朗（Maurice Strong）在任职联合国环境与发展大会秘书长期间，指出城市承载着世界可持续发展的希望。一方面，当前城市生存方式诸多弊端让我们难以乐观展望未来；另一方面，城市中也在酝酿和催生着可持续解决方案，且为达成人类可持续发展之目的日渐置身于更为紧密的网络之中。世界各地应当在未来的发展中，更加强调对城市可持续发展的规划和管控，增强城市的安全性、包容性、可持续性，同时也让城市具有更强的抵御灾害的能力。[1]

旨在寻求自然与社会之间关系的可持续科学，以其多学科交叉、多尺度、具有地域特征三大显著特征[2]，成为解决城市问题的理想途径。因此，可持续城市在可持续发展理论结合城市规划理论的指导下，形成了自身的理论体系。有关可持续发展理论在城市领域应用的具体探讨在本书第二章文献综述"可持续城市的内涵研究"中详细阐明，此处不做深入讨论。

2. 城市规划理论中面向可持续发展理念的应用

可持续城市理论衍生于城市规划领域。从城市发展理论的演进看，霍华德提出的"田园城市"旨在找到结合大城市和乡村优点的理想形态；[3] 格迪斯提出的自然融合城市的"乌托邦"（Eutopia），将生态学原

---

[1] 联合国. 可持续发展目标——目标11: 建设包容、安全、有抵御灾害能力和可持续的城市和人类住区［EB/OL］. 联合国官网，2016-07-10.

[2] WU J. A Landscape Approach for Sustainability Science［M］// WEINSTEIN M P, TURNER R E. Sustainability Science: The Emerging Paradigm and the Urban Environment. Berlin: Springer, 2011.

[3] 霍华德. 明日的田园城市［M］. 金经元，译. 北京: 商务印书馆，2010.

理运用到城市研究当中；①勒·柯布西耶倡导的"明日城市""光辉城市"概念中提及，解决城市的拥挤问题，需要对城市不规范的建筑进行彻底的清除，同时通过向上空间的发展大幅度增加城市的密度；②赖特提出"广亩城市"的概念，他认为应当通过城市向郊区疏散，将城市居民从原有城市解放，回归田园生活；③沙里宁提出的以"卫星城"为典型的按城市功能要求疏导大城市的有机疏散理论；④等等。以上都是为了解决城市发展过程中出现的问题，形成理想的城市发展模式，这在一定程度上引发了可持续城市理论的兴起，深深影响了20世纪城市规划的种种观念、程序、方法与理论。这些理论分别从"集中论""分散论""折中论"的角度对城市规划进行了探讨。

可持续城市的理论基础直接源于20世纪末三项意义重大的城市改革运动，紧凑城市、新城市主义和精明增长理论为可持续城市的建设提供了坚实的理论和实践基础。⑤虽然这三种理论都致力于城市经济、环境与社会的协调发展，但它们在理论基础、目标制定和实施方法等方面仍然各有侧重。

（1）紧凑城市理论

"紧凑城市"理念是基于20世纪六七十年代的世界性环境危机带来的资源环境挑战，1973年斯坦福大学的Dantzig和Saaty基于柯布西耶的"光明城市"理念，出版《紧凑城市——适于居住的城市环境规

---

① GEDDES P. Cities in Evolution: An Introduction to the Town Planning Movement and to the Study of Civics [M]. London: William & Norgate, 1915.
② CORBUSIEK L. Urbanisme [M]. Paris: Les Éditions Arthaud, 1925: 95–96.
③ WRIGHT F L. The Disappearing City [M]. New York：William Farquahar, 1932.
④ SAARINEN E .The city. Its growth, its decay, its future [M]. New York：Reinhold publishing corporation, 1943.
⑤ 法尔.可持续城市化：城市设计结合自然 [M]. 黄靖，徐燊，译.北京：中国建筑工业出版社，2013：28–29.

划》一书，率先提出紧凑城市理念。到了1990年，欧洲社区委员会发布《城市环境绿皮书》，终于确立了"紧凑城市"的城市建设主张。

"紧凑城市"是指在满足当代人对生活质量追求，而又不影响后代人的发展需要的前提下，创建一种多功能混合的高密度城市模式。Williams等支持紧凑城市模式的研究者表示，城市应当控制规模，坚持城市边界清晰、城市高密度以及城市功能混合的发展方向。[①]在他们看来，城市边界清晰对于土地资源的浪费以及汽车带来的石油消耗问题可以有效节制，避免对周边乡村土地的破坏，高密度的城市则会产生更低的人均能源消耗，保证良好的环境状况，而功能混合的城市用地不仅可以打破隔离、促进社会公平，同时还可以节省交通距离和时间以及能耗，从而提高生活质量。

"紧凑城市"在发展中兼顾了环境保护与社会公平，不仅强调通过城市空间形态由分散到紧凑的改良以及功能单一到多样的混合，来降低城市对于资源消耗和环境污染方面的破坏，而且主张提供足够的服务设施满足社会公平以及多样化的居民生活氛围，来提高城市居民的生活质量。

然而，"紧凑城市"高密度的设计又带来交通拥堵、废弃物聚集，以及城市生活成本上升、环境质量下降等问题。因此，城市规划学者们对"紧凑城市"是不是一种可持续城市形态一直存在着争论，然而，"紧凑城市"对于当前各国超大城市的可持续发展仍然提供了一种可行性思路。

（2）新城市主义理论

"新城市主义"起源于美国战后城市低密度、高汽车依赖的土地开

---

① 杨东峰，殷成志. 可持续城市理论的概念模型辨析：基于"目标定位—运行机制"的分析框架[J]. 城市规划学刊，2013（2）：39-45.

发模式导致的城市无序扩张、效率低下、社会生活质量退化、两极分化严重、邻里关系冷漠、环境恶化、文化遗产损毁等问题的困扰。包括Peter Calthorpe在内的6名城市建筑师在1991年参与高能效社区设计导则的起草工作时，希望能找到解决传统城市发展问题的方法，1993年他们成立了第一届"新城市主义代表大会"，在会上确立了新城市主义的基本构想，并于1996年发布了新城市主义宪章，为城市的规划和设计提供更具体的指导。

"新城市主义"吸纳了"紧凑城市"的理念，重视公共政策的制定与改良，倡导从区域、邻里、街区三个层面控制城市无序蔓延，不仅要尊重城市的自然环境和历史文化，还要重视居民的体验与感受，打造多姿多彩、适合步行、紧密的、具有浓郁生活气息的社区。①

"新城市主义"在建设城市时主要采用"传统邻里发展模式"（TND）和"公交主导发展模式"（TOD）两种模式。TND的推崇者Andres Duany和Elizabeth Plater-Zyberk认为，清晰闭合的街区会给居民生活带来舒适感，更偏重于城市内部街道社区的建设。通过低层建筑、中等密度的住宅建设，以及不同档次住宅的视觉一致性的方式建设混住社区，使不同阶层的居民享受到同样的公共基础设施，从而增进居民的社会交往、促进社会的融合，达到维持社会秩序的目的。TOD的提出者Peter Calthorpe则基于对城市居民依赖汽车出行的生活方式的批判，强调回归步行并倡导公共交通，通过围绕公交站点的土地使用，如商业、住宅、办公及公共设施等的开发，来满足居民步行的需要，并且通过城市边界的控制来限制私人汽车的泛滥，促进社区活力及生命力。②

---

① 胡国华.浅析应对城市蔓延的三种思潮："紧凑城市""新城市主义""精明增长"[J].建设科技，2013（15）：69.

② 段龙龙，张健鑫，李杰.从田园城市到精明增长：西方新城市主义思潮演化及批判[J].世界地理研究，2012，21（2）：72-79.

总的来说,"新城市主义"设计的思想内涵主要体现在"以人为本"的原则上,不仅围绕居民需要建设城市,更重视社区居民的文化认同感,体现社会公平公正原则。

(3)精明增长理论

"精明增长"理论是伴随着城市无序扩张的有效控制,但又无法保证边界内的城市开发质量从而导致的城市劣质开发,以及现有城市基础设施充裕的前提下转向外围扩建所引发的经济成本问题萌发的。1995年美国科罗拉多州州长罗伊·罗默(Roy Romer)针对科罗拉多州的城市扩张问题首次提出了"精明增长"的概念,1997年由马里兰州州长帕里斯·格伦迪宁(Parris Glendening)将这一概念推而广之。

"精明增长"是指通过政府实施促进政策以及约束性的法规,充分利用存量空间,避免盲目扩张,在城市原有建设基础上进行嵌入式的开发,用最小化的建设成本去换取最大化的土地开发效益。"精明增长"的核心内容来自地方基础设施给地方政府带来的持续的经济收益,它的关键在于通过土地开发使得地方税收得到增长。[1]

美国环保部提出了精明增长十项原则:丰富住宅的种类;打造人车分流型的社区;提高民众参与积极性;建设具有代入感和吸引力的公共空间;制定具有超前性、公平性以及高效率的开发政策;城市土地功能交叉利用;着力保护现有城市空地、农业土地、自然景观和其他类似的区域;提供具备多样性的民众出行选择;在现有社区的基础上去引导和探索新的开发项目;充分发掘高密度社区的开发潜能。这些原则成功将权力分散的基层群众与城市活动家、市政领导者联系在一起,并促进了城市再开发进程及土地保护政策的出台。[2]

---

[1] 梁鹤年.精明增长[J].城市规划,2005(10):65-69.
[2] 法尔.可持续城市化:城市设计结合自然[M].黄靖,徐燊,译.北京:中国建筑工业出版社,2013:30.

"精明增长"包括三大要素：每个民众都能在城市发展的过程中获益；在社会、经济、生态环境三个方面实现公平；将投资机会合理分配于新旧城区，让二者得到和谐发展。① 由此，"精明增长"强调谨慎对待城市的向外扩张，重视现有城区的优化。

尽管这三种理论对于城市功能的改善与可持续发展具有重大的价值，但它们自身仍然存在一定的局限性，因此在面对长期、复杂的城市问题时，难以找到完美的解决方案。基于此，可持续城市理论将上述三种重要的变革思想相结合，建立一套完整、严密的规划策略，指导人们去创造真正可持续的人居环境。

（二）互动理论

互动理论的基本观点包括：(1)事物本身不存在客观的意义，它是人在社会互动过程中赋予的。(2)人在社会互动过程中，根据自身对事物意义的理解来应对事物。(3)人对事物意义的理解可以随着社会互动的过程而发生改变，不是绝对不变的。②

在社会学领域，韦伯（Weber）最早提出了互动和意义研究的重要性，然而以布鲁默（Blumer）、米德（Mead）等为代表的符号互动理论（Symbolic Interactionism）成为最主流的理论视角。符号互动理论假设符号是人们生活最基础的部分，关注人们产生认同、意义和关系的过程。③ 布鲁默1969年针对社会事实建构过程的解释提出了三个符号互动论的假设，他认为人类因为对事物行为即符号解释的基础，在于这些事物对他们的意义；人们通过相互交流即互动产生了事物的意义；以及人们在社会互动中对事物的意义进行控制、改变和解释。他还认为

---

① 唐相龙."精明增长"研究综述［J］.城市问题，2009（8）：98-102.
② 车文博.当代西方心理学新词典［M］.长春：吉林人民出版社，2001：94.
③ 马奎尔，扬.理论诠释：体育与社会［M］.重庆：重庆大学出版社，2012：245.

社会事物分为物理的、社会的和抽象的三种,社会领域通过各种形式的社会互动不停地被修改和质疑。[1]然而符号互动理论主要是从微观层面分析小规模水平上(个体之间或小团体之间)的社会互动,无法研究大规模的、总体的社会现象[2],同时将社会关系简单地归结为人际关系,往往忽视了宏观社会结构,忽视了互动的内容和社会经济条件对互动形式的影响。[3]

社会学家在拓展互动理论的过程中,还提出了拟剧论(Dramaturgical Perspective)和本土方法论(Ethnomethodology)等理论观点。戈夫曼(Goffman)采用喜剧分析的方法,从印象管理的角度来揭示人们社会互动的特点,认为互动的一方总想控制对方的行为,使对方通过对自己行为的理解,做出符合自己计划中的行为反应。[4]一些批评者认为拟剧论夸大了人类行为的表演性和虚伪性[5],沉迷于印象管理,太过于静态地考察自我。[6]加芬克尔(Garfinkel)提出本土方法论,通过某种简化程序,使人们即使在彼此不认识的情况下,也能有效地沟通和互动,然而许多学者认为这一理论极其模糊和抽象。[7]

互动理论所强调的在特定情境下互动双方之间所发生的依赖行为以及信息传播,所产生的相互影响、相互作用的过程正是本书研究对象奥运会与可持续城市关系形成的基础,因此探究两者的互动关系并

---

[1] BLUMER H. Symbolic Interactionism: Perspective and Method [M]. Eenglewood Cliffs, NJ: Prentice-Hall, 1969.
[2] 熊欢. 身体、社会与体育:西方社会学理论视角下的体育 [M]. 北京:当代中国出版社, 2011:151.
[3] 郑杭生. 社会学概论新修 [M]. 北京:中国人民大学出版社,1994:127.
[4] 郑杭生. 社会学概论新修 [M]. 北京:中国人民大学出版社,1994:128.
[5] 郑杭生. 社会学概论新修 [M]. 北京:中国人民大学出版社,1994:128.
[6] 波普诺. 社会学:第十一版 [M]. 李强,等译. 北京:中国人民大学出版社,2007:137.
[7] 波普诺. 社会学:第十一版 [M]. 李强,等译. 北京:中国人民大学出版社,2007:139.

形成模式需要在互动理论的基础上探究这一命题。但鉴于互动理论与本书的研究目的之间存在一定的差异，因此本书未直接采用互动理论的框架进行研究分析。

本书所研究的"互动"主要从可持续城市与奥运会互动的基础条件、两者之间互动的关系形成出发，探究可持续城市与奥运会互动的方式和内容，并将互动的行为模式化，由此提出可持续城市与奥运会的互动模式。根据不同的标准，在社会学先驱乔治·齐美尔（Gerge Simmel）研究的基础上，学者们区分了社会互动的主要形式，主要有交换、合作、冲突、竞争和强制等。本书试图探究的可持续城市与奥运会的互动模式，是一种友好合作实现共赢的利益关系，因此这种互动模式是良性的。

四、研究对象及研究方法

（一）研究对象

本书的研究对象是基于"可持续城市"这一理念形成的主办城市与奥运会可持续发展相协调的互动模式，以及这种模式对北京携手张家口举办2022年冬季奥运会的影响。

（二）研究方法

"工欲善其事，必先利其器。"要进行有效的研究，首先须选择有效的研究路径，而有效路径的选择是以正确的方法论为指导的。

1. 文献资料法

本书以网络搜索、数据库检索、图书馆借阅等多种方式对国际奥委会相关政策、历届奥运会官方报告、奥运会与主办城市关系研究、大型赛事与主办城市关系研究、可持续城市相关研究等相关文献进行收集、整理、分析、评述和运用。以中国国家图书馆、清华大学图书馆、北京大学图书馆、北京体育大学图书馆等单位作为资料查阅收集的基地。参阅社会学、城市规划学、遗产学、体育学、管理学等方面的专著、期刊、报纸，并利用中国知网学术文献总库、万方数字资源库、EBSCOhost数据库、Google学术、百度学术等网络搜索引擎，以及国际奥委会官网、2022年冬季奥运会组委会官网、LA84基金会官网、联合国官网可持续发展页面等网站，检索中、英文相关文献资料，获取研究对象的大量相关信息，对其进行收集、整理、分析、评述和运用等，形成对所探讨问题的基本认识，并在此基础上根据研究需要，充分吸收、借鉴相关研究成果。相关资料主要用于文献研究综述、理论模型解释，以及可持续城市的理论检验。

2. 个案研究法

本书以可持续城市理念下主办城市与奥运会相协调的发展模式为研究对象，并选择2022年北京冬奥会及主办城市北京，包括携手与北京举办冬奥会的张家口崇礼赛区、北京延庆赛区作为个案进行研究，将可持续城市与奥运会良性互动的模式置于北京冬奥会与主办城市进行实践，探讨这种新模式对北京冬奥会及主办城市的影响。

选择2022年北京冬奥会及主办城市作为个案，一方面，由于北京奥运会是在《奥林匹克2020议程》这一国际奥委会基于奥运会与主办城市可持续发展的最新改革方向的议程出台后，首届申奥成功的奥运会，因此得以在筹办和举办过程中完全按照国际奥委会关于可持续城市的最新要求去协调奥运会与主办城市的关系。另一方面，中国"后发型"国家背景与北京作为发达城市的反差，以及2022年冬奥会三大赛区不同的建设目标，使得这届冬奥会面临一系列的挑战，并将在赛事结束后收获独特的办奥经验，从而丰富奥运会与可持续城市互动关系的理论。而第二次举办奥运会的北京有着大量可持续的遗产也在2022年冬奥会得到继承和发展,这一实践正是对可持续城市理念的深化。因此,选择2022年冬奥会及主办城市作为研究个案有着重要的意义。

3. 专家访谈法

针对研究内容,笔者于2016年6月至2018年3月间,通过走访、电话访问、电子邮件访谈、视频访谈的方式多次对专家学者进行访问调查。主要访谈对象包括奥林匹克研究专家以及北京奥组委、冬奥申委及冬奥组委成员以及相关领域研究和管理人员,访谈主要问题见附录。通过听取各专家学者的宝贵意见来启发思维,论证观点,以理清本书的研究思路和方法,为研究的完成奠定基础。

由于本书的创新点在于将"可持续城市"这一城市发展的新理念用于奥运会主办城市的规划建设当中,而非以往从环境或经济社会可持续发展单个维度考量城市的发展,因此访谈的重点在于奥运会与可持续城市是如何产生互动的,包括奥林匹克三大支柱与可持续三大支柱的互动方式、可持续城市三大支柱对奥运主办城市三个领域可持续发展的互动影响等内容。

4. 实地调查法

2022年冬奥会主办城市是北京,但河北省张家口市、北京延庆区分别承担了不同的雪上项目比赛,因此在探究奥运会与可持续城市的互动模式时,不仅仅是考察2022年冬奥会对北京的影响,同时需要考察冬奥会对张家口赛区、延庆赛区所在市/区的影响。

笔者对2022年冬奥会北京、张家口、延庆三大赛区的环境、规划、在建和现有设施进行实地调查,以了解2008北京奥运城市遗产的继承和利用情况,以及北京2022年冬奥会举办对城市可持续发展的影响。

具体调研地点包括北京赛区将在2022年冬奥会上使用的8个北京

2008年使用的奥运场馆及一个新建场馆，2022年冬奥组委会经首钢厂区改造的办公地点；延庆赛区待建和在建的5个场馆及相关设施的原始风貌和施工地点；张家口崇礼赛区现有的2个场馆以及待改建和新建的其他场馆和场地、设施。并通过部分场馆建设前和建设中的实地观察对比，以及对所在地居民以及施工人员的询问，感受场馆建设对举办地环境以及社会生活的影响，并了解北京冬奥组委会及施工方正在采用的防护措施。

（三）研究框架

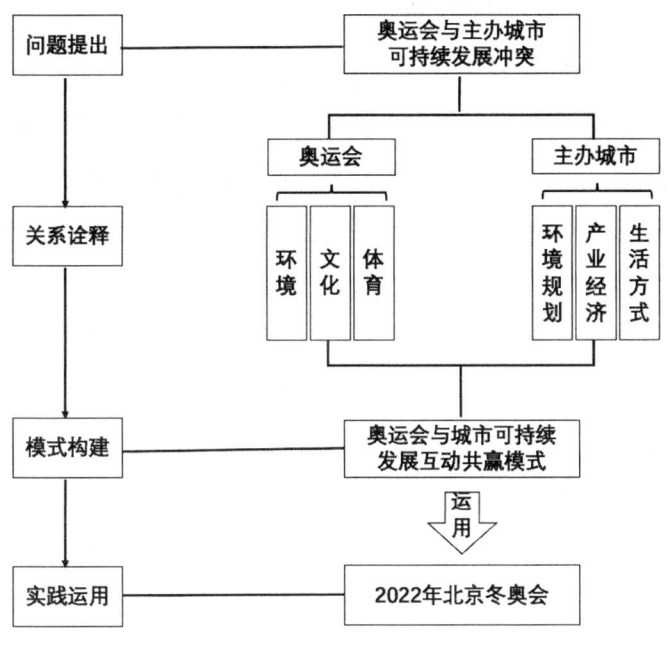

图1-1 研究框架图

第二章

文献综述

一、关于可持续城市的研究

（一）可持续城市的概念研究

1987年布伦特兰委员会发表的《我们共同的未来》报告对可持续发展进行定义，即"满足当代人的需求但不损害后代满足其需求的能力"[1]。可持续城市概念由可持续发展理论延伸出来，各国政府及学者通过相关理论及实践研究，基于不同的目标取向，从不同的学科角度对可持续城市进行了深入探讨。

在国际城市会议的政策解读中，可持续城市被视为可持续发展在解决城市发展问题上的理想方式及普遍诉求，在生态观念上强调人与自然和谐共生，在生产方式上追求低碳、循环的增长方式，在生活方式上追求绿色、健康、稳定的生活。

联合国、欧盟等国际组织在不同阶段给可持续城市下了不同的定义。1996年在土耳其伊斯坦布尔召开的第二届联合国人类住区会议（Habitat II）中首次明确提出可持续城市的官方定义：根据其发展需求有可持续的自然资源供给（仅在可持续产出的水平上使用资源），对于

---

[1] WCED. Our common future: report of the world commission on environment and development [R]. Oxford: Oxford University Press, 1987.

可能威胁到发展的环境危害有可持续的安全保障（仅考虑到可接受的风险）。在这个层面上，对可持续城市主要探讨的是尊重自然、环境的城市空间模式。1996年欧盟针对欧洲城市，把可持续城市定义为将基础的环境、社会与经济服务传递给住区内所有人，而不损害这些服务所依仗的自然与社会系统的活力[①]，该概念跳出了单纯考虑自然、环境可持续发展的城市模型，覆盖了可持续发展三重底线。2000年7月在柏林召开的21世纪城市会议也提出了可持续城市的概念，认为可持续城市是指改善城市生活质量，包括生态、文化、政治、机制、社会和经济等方面，而不给后代遗留负担的城市发展模式[②]，该概念除三重底线外还考虑了城市生活中的其他因素。中东欧区域环境中心将可持续城市宽泛地定义为一个制定了计划和政策，目标在于确保足够的资源可获取性和再利用，社会舒适和公平以及经济发展和保障后代繁荣的城市。[③] 联合国人居署2001年给可持续城市下的定义是，社会、经济和环境领域可持续发展的城市，并且其发展所依赖的区域资源供应能够得到不断维持（在可持续水平上使用区域资源），它能够远离外界的环境灾害，并持久地保持自身的安全运行[④]，该概念关注了可持续利用以及灾害的抵抗。经济合作与发展组织（OECD）早在1990年就指出城市应当遵循"机能与自我调节的成长原则"和"最少废弃物原则"[⑤]，2011年，

[①] EUROPEAN COMMISSION. European Sustainable Cities: Report/Expert Group on the Urban Environment [M]. Luxembourg: OOPEC, 1996.

[②] ANTROP M. Sustainable landscapes: contradiction, fiction or utopia? [J]. Landscape Urban Planning, 2006, 75 (3-4): 187-197.

[③] The Regional Environmental Center for Central and Eastern Europe. What is a Sustainable City? [EB/OL]. REC FOUNDATION, 2016-12-03.

[④] UNCHS/UNEP.General information: sustainable cities and local governance [R/OL]. [2016-12-03]. http://www.unchs.org/scp/info/general/general.html.

[⑤] OECD. Environmental policies for cities in the 1990s [R]. Paris: OECD, 1990.

其明确将城市可持续发展定义为通过减少负面的环境外部性，减少对自然资源的损害以及对生态系统服务的压力等城市活动，巩固和稳定城市经济的增长和发展。[1]而2015年联合国出台的《2030年可持续发展议程》中认为可持续城市应该是这样一种城市——所有公民都过上体面的、有品质的生活，且投身于城市的生产性和能动性活动中，创造共同繁荣和社会稳定，同时不伤害环境[2]，目标是建设包容、安全、有抵御灾害能力和可持续的城市。

随着可持续发展概念在城市规划领域的发展，国外学者也较早开始了可持续城市的概念研究。Haughon和Hunter把可持续城市定义为居民和各种事物采用永远支持"全球可持续发展"目标的方式，在邻里和区域水平上不断努力以改善城市的自然、人工和文化环境的城市。[3] Mega和Pedersen认为，可持续城市是通过市民积极参与，能成功平衡经济、环境与社会文化的城市。[4]这一概念覆盖了可持续发展三重底线以及市民参与。Munier等强调城市达成可持续共识的重要性，把可持续城市定义为城市中的市民对一系列可持续发展的原则达成共识，坚持不懈地努力以实现可持续发展，同时为其市民提供可以承受的教育、医疗、住房、交通等设施，达到良好的生活质量。[5]

国内学者对可持续城市的概念也有着不同角度的看法。有学者认为"可持续城市"与众多描绘城市前景的蓝图如花园城市、宜居城市、

---

[1] HAMMER S, KAMAL-CHAOUI L, ROBERT A, et al. Cities and green growth: a conceptual framework OECD regional development working paper [R]. Paris: OECD, 2011.

[2] 联合国. 可持续城市：为何重要 [EB/OL]. 联合国官网，2016-10-06.

[3] HAUGHTON R, HUNTER M. Sustainable Cities [M]. London: Jessica Kingsley Publishers, 1992.

[4] MEGA V, PEDERSEN J. Urban Sustainability Indicators [M]. Dublin, Ireland: European Foundation for the Improvement of Living and Working Conditions, 1998: 38.

[5] MUNIER N. Handbook on Urban Sustainability [M]. Berlin: Springer, 2006.

健康城市、生态城市、绿色城市、智慧城市等平行[①]，是满足可持续发展目标的理想城市模型，包含公平、美丽、创造、生态、易于交往等特征[②]，是相对较新但极具活力的概念。也有学者认为"可持续城市"是诸如花园城市、宜居城市、健康城市、生态城市、绿色城市、智慧城市等的上位概念或综合概念。

这些概念的差异源于研究者对可持续城市内涵的不同认知和理解，在可持续发展环境、经济与社会的"三重底线"的基本理念指导下，研究者们对内涵要素的关注也不同，有的研究者更多地关注资源、环境的可持续性以及城市的宜居性，而一些研究者更倾向于解释可持续城市中的社会公平和福利以及生活质量等方面。

（二）可持续城市的内涵研究

虽然城市可持续的概念一直发展并逐步完善，但它可能涉及的维度存在较为一致的基础观念，包含环境、社会和经济三个部分，并产生了三支柱方法、生态学方法和资本方法等三种方法论。[③]其中最常见的可持续发展的传统理念三支柱方法将现实世界分解为经济、社会和环境部门三大支柱。联合国指出，"可持续的城市化是一个动态过程，通过解决环境、经济、社会和治理问题，为世世代代创造可持续的条件"[④]。作为经济、环境、社会三方面的优化集成，可持续发展体现为经济配置上的效率、生态规模上的足够、社会分配上的公平同时

[①] 黄璐，邬建国，严力蛟.城市的远见：可持续城市的定义及其评估指标[J].华中建筑，2015，33（11）：40-46；赵弘，何芬.论可持续城市[J].区域经济评论，2016（3）：77-82.

[②] 张婧，周杨，杨春志，等.中国可持续城市的研究视角与进展[J].资源开发与市场，2015，31（1）：86-90.

[③] Sustainable Development in Communities: Inventory of Existing Guidelines and Approaches on Sustainable Development and Resilience in Cities [M]. Switzerland: ISO, 2017.

[④] 可持续的城市化的有效治理、决策和规划[R].联合国经济及社会理事会，2014.

起作用。①

长期以来人们对于环境、经济、社会三者的关系一般采用以坎贝尔等提出的三角模型（见图2-1），将环境、经济和社会视为城市发展中相对独立的目标，以构建三者的平等地位。② 这种模型在实践中容易出现误读，认为对于三者之间的基本矛盾须通过政治妥协和利益调停等"妥协"的办法来寻找解决出路。

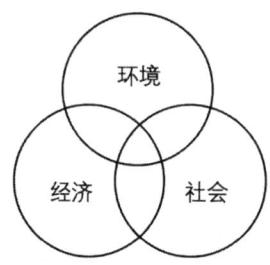

图2-1 可持续发展经济、环境、社会传统三角模型

我国杨东峰等学者认为传统三角模型过于理想，在现实中由于不同利益相关者立场的分化，容易分别强调经济、社会和环境中的某个部门，相对忽视其他部门，而现实生活中经济依赖于社会，而社会又依赖于环境，因此概括出一种可持续发展的现实模型，在这个模型里，经济—社会—环境之间存在着逐级嵌套的关系（见图2-2）。③

---

① 郑锋.可持续城市理论与实践［M］.北京：人民出版社，2005：8.
② CAMPBELL S. Green Cities, Growing Cities, Just Cities?［J］. Journal of American Planning Association, 2004, 62（3）：296–312.
③ 杨东峰，殷成志，龙瀛.从可持续发展理念到可持续城市建设：矛盾困境与范式转型［J］.国际城市规划，2012，27（6）：30–37.

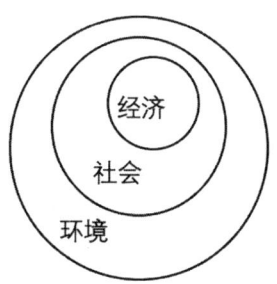

图2-2　可持续发展经济、环境、社会现实嵌套模型

Giddings认为人类的经济和社会活动之间以及人类活动和环境之间的理想边界不应该是分隔的，而应该是融合的。① 据此，有学者画出了以嵌套—融合为特征的理想模型（见图2-3），他们认为新模型有助于从整体视角来看待可持续发展议题，避免传统的对经济增长、社会贫困和资源破坏之间的政治妥协进行理论辩护，取而代之的是鼓励经济—社会—环境间多赢的发展目标。②

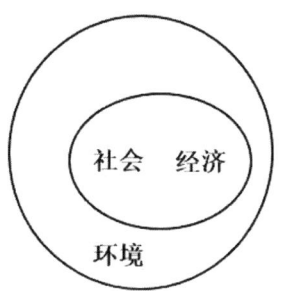

图2-3　可持续发展经济、环境、社会理想融合模型

---

① GIDDINGS B, HOPWOOD B, O'BRIEN G. Environment, Economy and Society: fitting them together into sustainable development [J]. Sustainable Development, 2002, 10（4）: 187-196.

② 杨东峰, 殷成志, 龙瀛. 从可持续发展理念到可持续城市建设：矛盾困境与范式转型 [J]. 国际城市规划, 2012, 27（6）: 30-37.

尽管对可持续城市内涵的诠释学者们多有己见，但在目标定位方面内在地均体现为对公平或生态关注程度上的差异。因此，研究的重点和观点的倾向也有所差别。

大部分研究者认为，可持续城市就是在可持续发展三大支柱／三重底线引导下的城市可持续发展模式。[①]

（1）环境、资源角度。随着对人口快速增长给环境带来巨大负担的认识加深，联合国呼吁"为避免环境产生的不良影响，需要调控城市化进程，关注人口增长并对人类住区进行设计"[②]。在Onishi看来，可持续城市是一个生存容量得到满足的绿色花园城市，城市的可持续发展依靠其自然潜力得以实现。[③] Walter则认为城市有必要合理、友好地利用自身资源，既考虑当代人的需求，又满足后代人的需要，才能实现可持续发展。[④] Hanghton提出资源开发和利用之间的平衡是城市发展的基础。[⑤] Tjallingii认为，解决城市环境问题是对后代、区域甚至全球的一种责任和义务，并提出可持续城市是责任城市（Responsible City）。[⑥]

（2）经济角度。Hanghton指出可持续城市需要通过政府规划实现城市系统结构与功能的协调一致，均衡分布工业、农业、交通等活动

[①] 林仲煜，胡纹，金伟．中国可持续城市形态构建研究[J]．重庆大学学报（社会科学版），2006（4）：18-22；郑锋．可持续城市理论与实践[M]．北京：人民出版社，2005：8.

[②] UNITED NATIONS. Report of the United Nations Conference on the Human Environment [R]. New York：United Nations，1972.

[③] ONISHI T. A Capacity Approach for Sustainable Urban Development：an Empirical Study [J]. Regional Studies，1994，28（1）：39-51.

[④] WALTER B J，ARKIN L N，CRENSHAW R W. Sustainable Cities：Concepts and Strategies for Eco-city Development [M]. Los Angeles：Eco-Home Media，1994.

[⑤] HANGHTON G. Sustainable Cities [M]. London：Jessiea Kingsley Pubishers，1996.

[⑥] TJALLINGII S P. Ecopolis：Strategies for Ecologically sound Urban Development [M]. Leiden：Backhuys Publishers，1995.

的生产过程是其中的核心内容。[①] Nijkamp 则认为，提高城市的生产效率和产出，是维持城市可持续发展的生命力。因此，城市需要不断释放经济活力，以维持自身的稳定和发展。[②]

（3）社会角度。学者们普遍认为，社会平等、协调和稳定是城市可持续发展的先决条件。Yiftachel 提出，可持续城市以社会公平和稳定为标注，同时注重平等交流以及社会文化的发展。[③] Tjallingii 则指出可持续城市的社会属性包含两方面内容：一方面，可持续城市是适宜生活的城市（Living City），其应充分发挥生态潜力为健康的城市服务，不仅把城市作为整体考虑，而且也要使不同的环境适应城市中不同年龄人口不同生活方式的需要；另一方面，可持续城市是能为市民参与创造条件的城市（Participating City），可以使政府、公众、社会组织等个人和组织积极参与到城市问题讨论及决策制定中来。[④]

不少学者认为，人是可持续城市中的最重要因素。李松志等学者认为，城市可持续发展的内在动力源于人的自我完善和发展，以及社会组织结构的变迁。人的素质提升、可持续生活方式和态度的形成才能实现城市的可持续发展。[⑤] 凌亢等学者则指出以人为本是可持续城市最重要的特征，一方面城市中人口素质以及社会现代化水平的提高是城市可持续发展的重要标志；另一方面，城市可持续发展需要与之匹

---

① HANGHTON G, Sustainable Cities [M]. London: Jessiea Kingsley Pubishers, 1996.
② NIJKAMP P. Sustainable Cities in European [M]. London: Earthscan Publications Limited, 1994.
③ YIFTACHEL O, HEDGCOCK D. Urban Social Sustainability: the Planning of an Australian City [J]. Cities, 1993, 10（2）: 139-157.
④ TJALLINGII S. Ecopolis: Strategies for Ecologically sound Urban Development [M]. Leiden: Backhuys Publishers, 1995.
⑤ 李松志，董观志.城市可持续发展理论及其对规划实践的指导 [J]. 城市问题, 2006（7）: 14-20.

配的人口增长速度以保证后代人生存发展的需求。①

还有学者认为，可持续城市应该跨越传统的三大支柱内涵，重新建立一个整合三大支柱的新模式，实现公民福祉的提高。②

黄璐等学者利用"文字云"技术对现有研究中可持续城市定义与指标涉及最多的方面进行统计，直观显示研究者在可持续城市定义及指标设计上的偏好（见图2-4），除了"可持续发展"一词最多出现外，"环境"得到了研究者们最多的关注，"人""社会""资源""健康""福祉"也在定义和指标中受到较多的考量，"经济""教育""服务"也占有一定的频次。③

图2-4 输入可持续城市的定义与指标所显示的文字云

注：tagul网站不支持中文，字体大小与该字出现频次多少成正比。

图片来源：黄璐，邬建国，严力蛟.城市的远见：可持续城市的定义及其评估指标[J].华中建筑，2015，33（11）：40-46.

---

① 凌亢，赵旭，姚学峰.城市可持续发展评价指标体系与方法研究[J].中国软科学，1999（12）：106-110.
② QUENTAL N, LOURENÇO J M, DA SILVA F N. Sustainable development policy: goals, targets and political cycles [J]. Sustainable Development, 2011, 19 (1): 15-29; ZHAO J Z.Towards Sustainable Cities in China: Analysis and Assessment of Some Chinese Cities in 2008 [M]. New York: Springer, 2011.
③ 黄璐，邬建国，严力蛟.城市的远见：可持续城市的定义及其评估指标[J].华中建筑，2015，33（11）：40-46.

(三) 可持续城市的主要建设模式

为了推进可持续城市建设，一些国际组织实施了相关的行动计划和实践工作。

在可持续城市的政策和议程方面，早在1972年联合国人居环境会议上《人类环境行动计划》中国际行动倡议的第一部分（Recommendation 1），就提出基于环境质量的人居环境规划管理。1976年联合国人类住区第一次会议（Habitat I）就设立了旨在缓解城市、地区增长压力的国际合作项目。1978年联合国设立人居署（UNCHS），以推动更具持续性的城乡发展模式。1987年世界环境与发展委员会发布的报告《我们共同的未来》中，"城市的挑战"这一章节指出应在世界范围内建立可持续城市社区。1992年联合国环境与发展大会推出的《21世纪议程》中包含"促进人类住区的发展"这一章节。1996年联合国人类住区第二次会议（Habitat II）下设"城市峰会"（The City Summit），旨在推动城市和地区实现21世纪议程。2000年联合国人居专家论坛发表了《21世纪的城市：关于城市未来发展的专家报告》。[①] 2002年世界可持续发展峰会发布了城市可持续性研究的年度报告，同年的世界城市论坛进一步提出"可持续城市化"的概念及其实施问题。

1991年联合国整合了环境规划署项目以及人居署的可持续议题，设立了专门的可持续城市项目（Sustainable Cities Programme, SCP）[②]，次年，在达累斯萨拉姆大学率先实施这个计划，随后许多国家相继开展

---

① 吴唯佳. 21世纪城市：可持续发展及面临的挑战 [J]. 国外城市规划，2001（2）：25-26，48.

② UN-HABITAT, UNEP. Sustainable Cities Programme 1990-2000: Institutionalizing the environmental planning and management (EPM) process [R]. Nairobi: UNCHSHabitat, VNEP, 1999.

了可持续城市项目工作。[①]1994年,欧盟(EU)发起了"欧洲可持续城镇计划"(Sust-CTC)。[②]之后很多国际组织和国家开展了一系列内容相近的"可持续社区"(Sustainable Community)实施计划[③],与"可持续城市"理念相契合,却又指向各异的城市概念模型也应运而生(见表2-1)。

表2-1　国外可持续城市的主流概念模型

概念模型	目标取向	核心理念	不足之处
宜居城市	社会取向	通过城市公共服务的提升,环境设施的改善,提升居民生活质量,满足居民的需求	可能忽视城市的规模和增长
紧凑城市	环境取向、社会取向	通过形态紧凑、功能混合的城市设计来减少城市的资源、环境损耗,以抑制城市无序扩张,满足居民的生活需求	忽略了城市社会群体的可接受度
健康城市	社会取向	将健康的生活习惯和社会公共服务作为城市发展的保障,以实现社会群体的生命健康	以人为中心,可能忽视其他物种的生存安全
慢速城市	社会取向	通过对城市的历史传统和文化遗产氛围的营造,以恢复地方城市慢节奏的传统生活方式	仅适用于拥有历史传统的小城镇,忽视了城市经济的发展
绿色城市	环境取向、经济取向	以绿色生产技术、绿色生活方式、绿色产业为城市增长的主要方式	难以协调发展和保护之间的矛盾

---

① CONWAY T M, LATHROP R G. Alternative land use regulations and environmental impacts: assessing future land use in an urbanizing watershed [J]. Landscape Urban Plan, 2005, 71 (1): 1-15.

② EUROPE UNION. The European Sustainable Cities and Towns Campaign [EB OL]. European Sustainable Cities, 2016-12-03.

③ ROSELAND M. Toward Sustainable Communities: Resources for Citizens and Their Governments [M]. Gabriola Island: New Society, 2005: 17-30.

续表

概念模型	目标取向	核心理念	不足之处
低碳城市	环境取向	关注城市碳足迹，通过城市生产组织、消费模式和技术手段等方式减少城市整体碳排放	发达国家视角，忽视发展中国家城市发展中更为关注的环境问题[1]
生态城市	环境取向	在恢复城市生态系统的基础上，减缓城市发展对外部生态环境的影响，以实现人类社会与自然环境的和谐共处	难以从整体上确定城市的形态策略
安全城市	社会取向	在增强城市的风险抵御和灾害恢复能力的基础上，消除社会群体间的紧张状态，以促进城市的良性运行	缺少整体的理论框架
智慧城市	经济取向、社会取向	强调信息技术在城市基础设施和公共服务的深入应用以提高城市运行效率、提升城市品质为目标	缺少对环境资源的关注

随着我国现代化和城市化进程的加速，日益严重的生态环境问题开始倒逼城市改变现有的发展模式。1980年开始的"文明城市"建设标志着我国针对解决环境等可持续发展问题的城市建设模式实践的萌生。20世纪90年代起，以卫生健康、城市环境、生态文明及可持续发展等不同侧重点为目标的城市建设模式相继涌现，力求解决城市发展中的不可持续问题。这些城市建设模式是为国家特定时期的特殊方针及需求所决定的，均由政府部门主导。进入21世纪后，我国在城市建设模式上，对可持续城市的指导思想及指标体系都有了进一步的发展，不再局限于以环境和卫生为主题的发展目标，开始融入公众参与、社会文明等内容，不仅因地制宜地拟定城市建设规划，更加注重城市建设的过程及能力，而非达标结果。

---

[1] 杨东峰，殷成志.可持续城市理论的概念模型辨析：基于"目标定位—运行机制"的分析框架[J].城市规划学刊，2013（2）：39-45.

（四）可持续城市的评价指标体系研究

在若干评估城市发展的方法中，指标评价具有指示性、灵活性和政策相关性，在环境与生态学领域已经应用半个多世纪。[1] 自1992年地球峰会后，在许多国际组织、政府机构、非政府组织、社会团体、学者的大力推进下，可持续性指标日趋成熟，成为社会不同阶层交流的有效工具。[2] 在部分研究和报告中，虽没有明确定义可持续城市，但指标的设置同样可以反映出可持续城市所要追求的目标及关注的方面。

从现有的文献资料来看，国外学者所设计的可持续发展指标体系涵盖了环境、经济和社会政治多个方面的指标，其中大多数指标用来反映人类和自然之间相互影响的状况，特别是维持生命支持系统的生态基础特征。这些指标体系的作用，主要是提供生态环境的早期预警信号，帮助决策者与公众公开讨论各种项目对生态环境的影响，制定地方的或区域的经济发展和生态环境管理目标。[3]

在生态指标体系研究方面，指标模型主要围绕保护功能性生态系统的完整性。[4] 比如，里斯和瓦克纳尔提出的生态足迹（Ecological Footprint，简称EF），"使给定数量人口达到平均单位个体消费量水平所需要的总土地面积"[5]，将生态足迹同某地区范围内所能提供的生产面积相比较，就能判断某地区的生产消费活动是否处于当地的生态系统

---

[1] NIEMI G J, MCDONALD M E. Application of ecological indicators [J]. Annual Review of Ecology, Evolution and Systematics, 2004, 35: 89–111.

[2] WU J, WU T. Sustainability indicators and indices: an overview, Handbook of Sustainable Management [M]. Singapore: World Scientific, 2010.

[3] KUIK O, VERBRUGGEN H. In Search of Indicators of Sustainable Development [M]. Dordrecht: Kluwer, 1991.

[4] 世界环境与发展委员会.我们共同的未来 [M]. 长春：吉林人民出版社，1997：10–11.

[5] WACKERNAGEL M, REES W E, TESTEMALE P. Our Ecological Footprint: Reducing Human Impact on the Earth [M]. British Columbia, Canada: New Society Publishers, 1996: 160.

承载力范围之内。环境可持续指数（Environmental Sustainability Index，简称ESI）或环境绩效指数（Environmental Performance Index，简称EPI）根据环境健康与生态系统活力两大方面所涉及的环境政策来设计指标系统，每次发布的指标类别与权重都有所不同。[1]生态/生活质量指数（Wellbeing Index，简称WI）是土地、水、空气、物种与基因、能源利用五方面的平均值，较EF、ESI、EPI更全面系统地反映环境状况。[2]而整合后的WI能够衡量出如何通过最小的环境损耗来换取人类高质量的生活。环境脆弱性指数（Environmental Vulnerability Index，简称EVI）包含32个灾害指数（indicators of hazards）、8个耐受性指数（indicators of resistance）和10个计算损失的指数（indicators that measure damage）。[3]该指数需要与经济及社会脆弱性指数一齐使用，三者能够衡量城市发展带来的负面影响。

在经济指标体系研究方面，国外有关如何核算创造一国财富的真实的生态与环境成本的研究成果较多，许多学者对发达国家和发展中国家进行了一系列颇有成效的实证研究工作，他们普遍认为，在计算一国的国民收入时必须充分考虑生态环境的损失情况，否则不可能正确衡量一国经济的可持续发展。[4]英国的皮尔斯等人初步建立了两种不同的评判指标体系，即"弱"可持续发展标准和"强"可持续发展标

---

[1] ALDENWANG B B. 2008 Environmental Performance Index [M]. Strategy Insights: Natural Environment, 2008.
[2] PRESCOTT-ALLEN R. The wellbeing of nations: a country-by-country index of quality of life and the environment [M]. Washington, Covelo, London: Island Press, 2001.
[3] South Pacific Applied Geoscience Commission (Sopac), United Nations Environment Programme (Unep). Building Resilience in SIDS-The Environmental Vulnerability Index [R]. SOPAC Technical Report, Suva: Fiji Islands, 2005.
[4] ZOLATOS X. Economic Growth and Declining Social Welfare [M]. New York: University Press, 1981.

准（PAM）。① PAM 具有两大缺点：其一，假定自然资源与人造资本是可以完全替代的理由不充分；其二，实际上，只能对自然资本的折旧进行很不完全的估计。② 国内学者孙晓等指出，城市经济可持续发展的评价指标主要包含经济增长、产业发展、消费水平和就业状况，其中评价经济增长的指标包括人均国内生产总值和各种经济量化数值的增长率，消费水平则包含人均消费品零售额、个人消费金额等。③

在社会指标体系研究方面，联合国开发计划署1995年创立了人类发展指数（Human Development Index，简称 HDI），是以"预期寿命、教育水准和生活质量"三项基础变量所组成的综合指标，体现了人类社会与经济发展的总体态势。④ 可持续社会指数（Sustainable Society Index，简称 SSI）于2006年由可持续社会基金会提出，旨在提供一个透明、简单的工具来衡量什么样的社会才具有可持续性。基于布伦特兰报告中对于可持续的定义，SSI 扩展了社会生活方面的内容。⑤ 有学者认为社会指标方面的评价可以围绕人口变化、社会公平和人类福祉三个方面展开。人口变化一般包括城镇人口总量和密度、年人口增长

---

① PEARCE D, MARKANDYA A, BARBIER E B. Blueprint for a Green Economy [M]. London: Earthscan, 1989.

② 郑锋. 可持续城市理论与实践 [M]. 北京：人民出版社，2005：54.

③ 孙晓，刘旭升，李锋，等. 中国不同规模城市可持续发展综合评价 [J]. 生态学报，2016，36（17）：5590–5600.

④ LEIGH A, WOLFERS J. Happiness and the human development index: Australia is not a paradox [J]. Australian Economic Review, 2006, 39 (2): 176–184; RAUDSEPP-HEARNE C, PETERSON G D, TENGO M, et al. Untangling the environmentalist's paradox: why is human well-being increasing as ecosystem services degrade? [J]. Bio Science, 2010, 60 (8): 576–589.

⑤ VAN DE KERK G, MANUEL A R. A comprehensive index for a sustainable society: The SSI – the Sustainable Society Index [J]. Ecological Economics, 2008, 66 (2–3): 228–242.

率等。[①]

当前的研究多数集中在对单一尺度的评价，对多尺度跨尺度空间交互关系的理解和综合评价方案较少。正如Portney所说，"持续性本身是个多维度的概念，任何想要测量一个城市对待可持续性的态度的认真程度的努力，也必须去解释它的方方面面"[②]。如何评价城市的可持续发展程度，目前仍然没有一个完美的指标体系，仍待学者们去探索。

二、大型赛事与主办城市的互动研究

随着赛事规模的扩大，体育赛事对主办城市提供的平台支撑要求也越来越高，大型体育赛事在现代城市建设转型过程中担当着建筑设计转型的传送带，在全球范围内对人们的社会活动起到了"再同步"的作用。[③]大型赛事与主办城市之间的关系以及赛事举办对城市造成的影响也备受人们关注。20世纪70年代开始，国内外学者就已经开始对大型赛事与主办城市的互动进行研究，主要包括大型赛事与城市环境设施的互动研究、大型赛事与城市产业经济的互动研究，以及大型赛事与城市社会文化的互动研究三个方面。

（一）大型赛事与城市环境设施的互动研究

关于大型赛事与城市环境设施的互动，学者们通常从大型赛事筹备建设、赛事举办运营以及赛后利用维护三个阶段，对大型赛事对城市环境设施的负面影响进行研究。在赛事筹备建设方面，胡乔等认为

[①] DING X H, ZHONG W Z, SHEARMUR R G, et al. An inclusive model for assessing the sustainability of cities in developing countries – Trinity of Cities' Sustainability from Spatial, Logical and Time Dimensions (TCS-SLTD) [J]. Journal of Cleaner Production, 2015, 109: 62-75.

[②] PORTNEY K. Taking Sustainable Cites Seriously [M]. Cambrige, MA: MIT Press, 2003: 89.

[③] 国务院研究室科教文卫司，国家体委政策法规司. 体育经济政策研究 [M]. 北京：人民体育出版社，1997: 17-24.

比赛场馆及配套设施及赛事相关的公共设施建设的开采会破坏以当地植被为主的自然环境，施工过程、废弃物堆砌、建筑材料和垃圾运输等更是使得环境造成污染，自然人文景观均遭受破坏。[①] 从赛事举办运营的角度，程亮等学者认为依托自然环境举办的大型赛事，如水上赛事等，会给城市自然环境造成一定的破坏；[②] 黄凤娟则认为在赛事举办和运营过程中，赛场由于人口剧增带来的噪声、垃圾和污染排放等，使环境承受着巨大的压力。[③] 在体育场馆的赛后利用维护方面，马国馨认为规模大标准高的大型场馆需要耗费大量资源去维护和运营，而赛后大量的闲置更是造成了资源的浪费。

然而，大型赛事与城市环境设施的互动更多来自积极的、良性的方面。在城市规划建设方面，Essex 和 Chalkley 指出，大型赛事的举办与城市发展规划相结合，将大力推动城市空间结构的调整，并对城市环境的建设和改善，加速城市更新和改造有着积极的影响。[④] Indovina 则认为，大型赛事能直接加速城市的建设，为城市建筑带来大量设施。[⑤] 刘晶晶认为连接型和嵌入型的体育场地对城市空间结构功能的发挥起到积极作用。[⑥] 王小健等学者认为在赛事场馆的选址中，应着重对

[①] 胡乔，陶玉流. 城市竞争力视域下大型体育赛事的效益研究 [J]. 体育与科学，2009，30（4）：32-34，42.

[②] 程亮，祁红，付蕾. 水上赛事对风景区水域水环境的影响：以黄山太平湖风景区全国摩托艇锦标赛为例 [J]. 北京体育大学学报，2011，34（12）：39-41.

[③] 黄凤娟，付哲敏. 大型体育赛事管理中的体育场馆选址问题的建模与分析 [J]. 沈阳体育学院学报，2010，29（3）：29-32.

[④] ESSEX S, CHALKLEY B. Gaining World City Status through Staging the Olympic Games [J]. Geodate, 2004, 17（4）：7-11.

[⑤] INDOVINA F. Os Grandes Events ea Cidade OcassionaI [R]. Lisbon: Bizancil, 1999: 133-139.

[⑥] 刘晶晶. 现代体育场与城市空间研究：以2006年德国世界杯体育场为例 [D]. 上海：同济大学，2008.

城市衰败区域的更新，而非给繁华地区锦上添花。[1]

大型赛事举办过程中有针对性的环保目标的提出以及具体环保措施的设计运用也使城市在这一过程中，甚至赛事后较长的时期内都受益匪浅。高斯帕等学者提出举办城市应有针对性地提出适合自身发展的环保计划，赛事主办方、政府以及社会团体都需要在这里发挥作用，以保证大型赛事对举办城市的环境影响降低。[2]张小林等学者则认为大型赛事的绿色调控体系应包括绿色的规划与管理、供应链与物流、市场经营开发，以及引入专门的环境管理体系。[3]曹庆荣则建议利用政策导向、科技支援、法律规范，以及文化教育等措施协同构建赛事与城市生态环境的关系，以解决大型赛事与主办城市的生态环境问题。[4]

（二）大型赛事与城市产业经济的互动研究

大型赛事与城市产业、经济的互动一直是学者们研究的重点，主要包括大型赛事对城市相关产业的带动、吸引投资以改善城市基础设施、创造就业等方面的影响。

杨炯等学者提出，大型体育赛事的相关经济效应是指由体育赛事社会辐射力所引发相关产业的某些直接经济行为的总和。它主要包括大型体育赛事波及产业的经济活动、体育赛事无形资产开发的社会利用，以及由体育赛事引发的融资活动等三方面。[5]易剑东认为大型赛事

---

[1] 王小健，陈眉舞.大事件建筑规划设计与城市空间协同发展研究[J].华中建筑，2007（8）：35-38，43.

[2] 高斯帕，郭云鹏.体育运动与生态环境[J].体育文史，2000（2）：51-52.

[3] 张小林，李培雄，龙佩林."绿色奥运"理念下构建我国大型体育赛事的绿色调控体系[J].体育学刊，2006（6）：9-12.

[4] 曹庆荣，雷军蓉.城市发展与大型体育赛事的举办[J].西安体育学院学报，2010，27（4）：399-401，412.

[5] 杨炯，唐晓彤.大型体育赛事的相关经济效应问题研究[J].中国体育科技，2006（3）：17-20.

的举办有助于刺激建筑、旅游、金融、保险、信息技术、交通、通信等相关产业快速发展,进而带动整个经济发展;加快各项事务与国际的接轨。[1]肖锋等学者从区域经济的角度,提出大型赛事有助于改善基础设施建设、促进就业机会的增加,并推动城市第三产业发展,提升城市形象从而拓展城市经济发展空间。[2]李海等学者认为可以通过打造竞赛表演新业态,推广城市竞赛表演活动,构建竞赛表演全产业链,从而拓展城市消费新空间。[3]

在大型赛事对城市经济互动影响因素的研究方面,林显鹏等学者认为,大型赛事对城市经济发展的影响是其投资通过投入产出链及乘数效应使城市经济总量增加,奥运会对城市的经济影响时间可长达12年,推动城市产业、基础设施变化。[4]孙海燕认为经济规模、城市发达程度、消费水平、产业链等因素直接影响大型赛事与主办城市经济互动关系的优劣。[5]余守文从体育赛事提升城市竞争力的角度,分析了体育赛事影响城市竞争力的机制在于经济增长效应、产业结构效应和城市品牌效应。[6]

国外学者方面,Brunet认为大型赛事的筹备和举办可以吸引大量

---

[1] 易剑东.大型赛事对中国经济和社会发展的影响论纲[J].山东体育学院学报,2005(6):1-7.

[2] 肖锋,姚颂平,沈建华.举办国际体育大赛对大城市的经济、文化综合效应之研究[J].上海体育学院学报,2004(5):24-27.

[3] 李海,盘劲呈,杨倩.大型体育赛事助推城市更新的内在逻辑、现实困境与策略选择:基于全运会举办城市视角[J].西安体育学院学报,2021,38(5):520-526.

[4] 林显鹏,虞重干.现代奥运会对主办城市经济发展的影响及其规律研究[J].上海体育学院学报,2006(2):1-7.

[5] 孙海燕.耦合性:大型竞技运动赛事与城市经济良性互动的关键[J].南京体育学院学报(社会科学版),2004(6):1-4.

[6] 余守文.体育赛事产业对城市竞争力的影响[D].上海:复旦大学,2007:151.

投资，用来发展城市基础设施的建设，从而促进城市更新。[①]除此之外，还有学者认为在大型赛事结束后，对于城市会展、商贸产业以及城市经济增长仍有重要的促进作用。[②]Mccartney 认为大型体育赛事的举办有助于增进观众对举办地的认识，并吸引大量游客，从而促进主办城市旅游业的发展。[③]Victor 等学者则提出小规模的赛事对城市经济的影响比大规模的赛事对城市经济的影响更容易做到精确测量，结果也更可信。[④]Solberg 等学者认为体育赛事与旅游产业相结合，有利于消除诸如此类的负面影响，将现有的体育资源与旅游业结合，产生新的经济效益，从而推动城市可持续发展。[⑤]

然而，学者们也意识到了大型赛事与主办城市经济互动的负面效应，并对其进行了研究。Robert 认为举办大型体育赛事并不总是带来经济利益，有时也会成为举办国的行政和财政负担。[⑥]陈旭通过对2002年足球世界杯对城市经济影响的研究得出，尽管大型赛事带动了基础设施及相关产业的收入，但在赛事结束后大量场馆成了"吞钱机器"，在赛后有效利用和运营中难以发挥作用，出现了"赛后综合征"。颜鸿填等学者认为大型赛事会对主办城市经济产生投资成本扩大、设施闲置、

[①] BRUNET F. An Economic Analysis of the Barcelona 1992 Olympic Games: Resources, Financing and Impact [M]. Bellaterra: Serve de Publicacions de la Universitat Autonoma de Barcelona, 1995: 203-237.

[②] 游松辉，孔庆涛. 从悉尼奥运会看奥运会对举办城市的影响 [J]. 上海体育学院学报，2003 (5): 11-12.

[③] MCCARTNEY G J. Hosting a Recurring Mega Event: Visitor Raison [J]. Journal of Sport & Tourism, 2005, 10 (2): 113-128.

[④] MATHESON V A. Is Smalle Better? A Comment on "Comparative Economic Impact Analyses" by Michael Mondello and Patriek Rishe [EB/OL]. Collegs of the Holy Cross, 2010-12-11.

[⑤] SOLBERG H A, PREUSS H. Major sport events and long-term tourism impacts [J]. Sport Management, 2007, 21 (2): 213-234.

[⑥] BAADE R A, MATHESON V A. The Quest for the Cup: Assessing the Economic Impacts of the World Cup [J]. Regional Studies, 2004, 38 (4): 343-354.

社会额外负担增加的负面影响。[①] 符亚明等学者指出奥运会引发通货膨胀的根源在于奥运会的刚性引至性需求增加导致奥运周期内资源供给的不足；[②] 张鲲等学者则认为大型赛事带来的通货膨胀将缩短货币工资率上升滞后过程，并且削弱积累能力，造成临时性过度购买行为，降低海外游客量。[③] 李海等指出大型赛事助推城市新旧产业转换迟滞和体育产业形态不鲜明，前者表现为耗费巨资的场馆赛后消费空间少，产业转换的动力十分薄弱；后者体现为体育企业的参与感较低，体育用品制造业、体育旅游业等特色鲜明的业态联动性差，体育产业与实体经济融合度低等。[④] 也有外国学者认为，举办体育赛事可能带来城市资源浪费、城市财政亏损等消极的影响。[⑤]

（三）大型赛事与城市社会文化的互动研究

大型赛事不仅与主办城市的环境设施、产业经济产生互动，在其社会效益以及文化影响方面也吸引了大量学者进行研究。张禾[⑥]、张现成[⑦]、王智慧[⑧]等通过实证研究，证明了举办大型赛事对改善民生、提

[①] 颜鸿填，龙秋生.大型赛事对城市经济产生的乘数效应研究：以广州亚运会为实证研究［J］.广州体育学院学报，2011，31（2）：15-19, 33.

[②] 符亚明，吴朋.奥运会与通货膨胀的机理研究［J］.生态经济，2007（3）：30-33.

[③] 张鲲，史兵，张西平.北京举办奥运会的通货膨胀风险及控制研究［J］.体育科学，2002，22（4）：41-43, 94.

[④] 李海，盘劲呈，杨倩.大型体育赛事助推城市更新的内在逻辑、现实困境与策略选择：基于全运会举办城市视角［J］.西安体育学院学报，2021，38（5）：520-526.

[⑤] CAIAZZA R, AUDRETSCH D B. Can a sport mega-event support hosting city's economic, socio-cultural and political development?［J］. Tourism Management Perspectives，2015（14）：1-2.

[⑥] 张禾.体育赛事举办对市民公共文明行为与综合满意度指数影响的研究［J］.体育与科学，2010，31（6）：77-80.

[⑦] 张现成.广州居民对亚运举办民生举措的知觉和满意度及其对凝聚力的影响［D］.武汉：华中师范大学，2011.

[⑧] 王智慧.大型体育赛事举办后对承办地区居民幸福指数影响的实证研究［J］.体育科学，2012，32（3）：28-38.

高市民的幸福指数、增进社会互动、促进社会和谐有积极意义。仇军等学者则认为，赛事的举办能够增进社会交往、增强社会凝聚力、促进社会稳定、降低犯罪率，从而推动体育和社会的发展。[①] 沈建华等学者认为大型赛事的举办有助于提高市民素质，完善市政设施，提升城市生活品质。[②] 闵新亚等学者则认为举办大型赛事可以推动城市竞技体育、全民健身的发展，以东道主身份增强市民的凝聚力。[③] 刘彦提出举办大型赛事可以推动城市中市民之间以及市民与游客不同文化间的交流与融合，促进城市软环境建设。[④] 刘海唤以广州亚运会为例，指出广州开展"亚运广州行"邻居日、"邻里一家亲"活动，通过大家走出家门，一起参与活动来互相认识，增进友爱。[⑤] 张群喜指出体育对增强社会成员间的凝聚力具有积极作用，共同的兴趣和参与促进了社区成员之间的交流和互动，打破了社交隔阂，增强了社区内部的凝聚力。[⑥] 唐晓彤则认为，大型赛事为城市中的居民提供了一种积极的余暇活动方式，除了观看和欣赏比赛满足心理享受需要外，还能起到促进运动项目的普及从而强化居民的体育参与，并且赛后遗留下来的场馆可供市

---

① 仇军，周建军.论运动竞赛的社会效益［J］.上海体育学院学报，2006（3）：17-20，25.
② 沈建华，肖锋.大型体育赛事对城市形象的塑造［J］.沈阳体育学院学报，2004（6）：745-746，785.
③ 闵新亚.2003年五城会对推动长沙城市建设现代化水平及市场化运作的分析［J］.安徽体育科技，2005（3）：7-10.
④ 刘彦.大型体育赛事对城市经济和社会发展的推动作用［J］.南京体育学院学报（社会科学版），2008（3）：49-52.
⑤ 刘海唤.人文体育与城市形象塑造的关系：以广州举办亚运会为例［J］.广州体育学院学报，2010，30（5）：37-40.
⑥ 张群喜.社会体育在培养社交能力和增强社会凝聚力中的作用研究［J］.当代体育科技，2023，13（23）：90-93.

民建设休闲使用，促进居民身心健康。① 易剑东提出，举办大型赛事还能够促进社团组织、民营企业等多元主体的参与，从而强化社会的公平，促进市场经济的完善。茹晓阳、王成指出举办赛事要满足人民日益增长的多元性体育需求，体育的发展要使"以人为本"的规划理念与"效率至上"的技术手段相结合，构建彼此尊重、友好共存的城市日常生活。② 柳鸣毅等学者认为通过举办赛事，政府可发现自身的问题并及时改善，必然会对城市的积极发展产生不可估量的发散效应，对于一座城市的可持续发展无疑产生重大的推动力。③

在大型赛事与城市文化形象的互动方面，肖锋等学者认为，大型赛事的举办可以展示城市的独特文化，以增强城市影响力，并且强化市民的体育意识，形成城市的市民体育文化。④ 宋兆峰等学者认为体育赛事文化可以丰富和提升城市文化核心竞争力，主要表现在物质文化、产业文化、制度文化和精神文化等方面。⑤ 沈建华等学者提出，大型体育能够促进主办城市树立起良好的城市形象，以对外的吸引力、感召力、回味力、亲情力，对内的规范力、凝聚力、推动力、自豪感发挥作用，提升举办城市政府创新、高效、勤政、廉洁的个性化形象。⑥ 王

---

① 唐晓彤.大型国际体育赛事对社会发展的波及效应［J］.广州体育学院学报，2007（1）：26-28.
② 茹晓阳，王成.文化、空间与生活：城市社会学视野下体育与城市研究评述［J］.上海体育学院学报，2023，47（10）：99-112.
③ 柳鸣毅，周孝伟，蒋清，等.大型体育赛事与城市发展互动效应研究：以四大网球公开赛为例［J］.南京体育学院学报（社会科学版），2011，25（3）：84-88.
④ 肖锋，姚颂平，沈建华.举办国际体育大赛对大城市的经济、文化综合效应之研究［J］.上海体育学院学报，2004（5）：24-27.
⑤ 宋兆峰，罗建英.大型体育赛事对城市文化的影响机制［J］.杭州师范大学学报（自然科学版），2011，10（6）：567-572.
⑥ 沈建华，肖锋.大型体育赛事对城市形象的塑造［J］.沈阳体育学院学报，2004（6）：745-746，785.

真真、王相飞、延怡冉认为赛事文化是提升城市软实力的根本，需要长时间的经验积累与历史积淀。[①]袁建伟、姚孔运的观点为体育赛事是一项特殊的文化活动，它的形成与发展离不开传统文化的沉淀，传承与弘扬着体育精神、文化风俗风情以及地域特色。[②]

然而大型赛事的举办对城市居民也存在一定的负面影响，Schimmel表示举办大型国际赛事对主办城市来说具有一定的风险，可能会侵犯城市居民的公共利益。[③]Cox认为大型赛事举办期间使得大量无家可归的人受到政府的限制和监控。[④]Beaty则提出，大型赛事场馆建设中会造成大量的拆迁，影响城市居民的生活，原本用于改善城市基础设施以及扶持弱势群体的公共资金也可能为举办赛事挪用。赛事举办中忽略弱势群体的权益、房价和物价上涨影响弱势群体的利益等，会加剧城市社会空间分异，凸显各阶层间的矛盾。[⑤]

在大型赛事申办城市由多到少，赛事与主办城市关系备受争议的现实中，关于大型赛事与主办城市的互动研究也备受重视，呈现出大量的成果，但仍有后续研究的空间。

当前学者们对大型赛事对主办城市互动的研究主要局限在城市内部，对于赛事对区域的影响研究较少，在实证方面这些研究对不同规

[①] 王真真，王相飞，延怡冉.大型体育赛事的新媒体话语策略与国家认同构建［J］.成都体育学院学报，2021，47（1）：101-105.

[②] 袁建伟，姚孔运.体育赛事与贵州独特地域文化资源的融合研究［J］.体育文化导刊，2014（7）：118-121.

[③] SCHIMMEL K S. Deep Play: Sports Mega-events and Urban Social Conditions in the USA［J］. The Sociological Review，2006，54（2）：160-174.

[④] COX G，DARCY M，BOUNDS M. The Olympics and Housing: A Study of Six International Events and Analysis of the potential Impacts of the Sydney2000 Olympics［R］. Sydney: Housing and Urban Studies Research Group，University of Western Sydney，1994：25-27.

[⑤] BEATY A. The Homeless Olympics?［M］//JAMES C，SOUTH J，BEESTON B，et al. Homeless: the Unfinished Agenda. Sydney: University of Sydney，1999.

模和级别的赛事也没有细分,主要局限在夏季奥运会和世界杯两大赛事间,对其他大型赛事如冬季奥运会,除足球外其他项目赛事的研究微乎其微,国内研究更是集中在北京、上海、广州三个城市,对其他地区和城市的关注较少。从时间的角度上看,研究也主要集中在赛事举办前、举办后,对于赛后的研究也局限在较短的一段时间内,没有关注大型赛事与城市互动的长期影响。最重要的是对大型赛事与主办城市的互动研究中,未形成一种整体的框架或者模式从高度分析两者的关系,并提出操作性的建议。

三、奥运会对主办城市影响研究

（一）奥运遗产的内涵界定研究

奥运遗产（Legacy）的概念相比奥林匹克运动的历史要短得多,"遗产"（Legacy）一词第一次在奥林匹克官方文件中出现,是在墨尔本申办1956年奥运会的申办报告中,报告提出:建设的比赛中心,将用以若干年后发扬和延续奥林匹克精神,推动体育运动发展。这份报告催生了用"遗产"衡量举办权合法性的话题。[1] 在此之前,人们对奥运遗产的认识仅限于实物形式的财产。随着奥林匹克运动的发展,人们认识到奥运遗产更是一种对主办城市、国家以及奥林匹克运动自身长期持续的影响。

国际奥委会对奥运会的长期效益表示出极大的关注,于2001年建立"奥运总体影响项目",该项目提出,自2004年雅典奥运会开始,每届奥运会后,由奥组委提交的正式报告中,除了包含过去的申办筹办概述、竞赛项目组织、竞赛成绩等三大模块,另外增添第四部分——

---

[1] LEOPKEY B, PARENT M. Olympic games legacy: from general benefits to sustainable long-term legacy [J]. The International Journal of the History of Sport, 2012, 29 (6): 924.

奥运会的总体影响（OGGI）。国际奥委会要求奥组委在奥运会筹备期间，就要开始为期数年的、针对奥运会对主办城市所产生的影响进行跟踪调查，此项调查涵盖了经济、文化、社会等三大方面，共计167个指标，在奥运会结束两年内递交国际奥委会。由此，奥运遗产也成为申办城市在竞争陈述时的重要考量内容。

2002年，国际奥委会将奥运遗产确定为城市及环境遗产、经济及旅游遗产、政策遗产、运动遗产、教育和档案遗产、文化及社会交往遗产。同时，会议指出：（1）奥运遗产问题应当与申办、筹备，以及评选奥运候选城市同步进行。（2）举办国和主办城市奥组委应当将奥运会一般项目的可持续发展性与城市和地区的可持续发展有效结合，对社会产生积极的影响。除了重视城市的奥运遗产设计规划、基础设施、经济发展和旅游发展等得到普遍认可的有形方面，文化价值的重塑、城市居民关于参与奥运活动的记忆、志愿者的付出、体育行为的实践和不同文化之间的合作交流等无形方面同样不应当受到忽视。（3）奥运火炬接力仪式、奥运会礼仪、奥运会开闭幕式活动等方面作为奥运会文化的重要组成部分，同时也是奥运遗产和全球遗产的重要组成部分，有利于奥运会在全球的推广和发展，因此国际奥委会和国家奥组委应当在奥林匹克的推广中保存和传递奥林匹克价值，从而进一步办好奥运会，以及有效促进主办城市后奥运时期的发展。（4）应当通过积极地创建和保护与奥运相关的资料，以期达到更好地保留奥运遗产的目的。积极倡导更多有关以奥运为研究课题的合作，甚至建立文献库，为奥运科学知识的传播和继承提供良好的途径。（5）奥运会作为奥林匹克运动在全球化推广中的有效媒介，伴随着更多的奥运项目增设以及妇女参与其中，在21世纪这种媒介的重要作用得到了越来越多的认可。同时，奥运主办城市也应当为当地民众以及社会精英群体设计更多有针对性的体育运动。此外，作为一个非政府机构，国际奥委会所提倡的理念是要推动运动教育价值观的传播以及增进和平文化的交流。① 同年7月7日生效的《奥林匹克宪章》第一章第二节第十四条中，作为国际奥委会下属机构的奥林匹克运动会研究委员会对此项内容进行了详细的阐述：国际奥委会此举目的在于促进奥运会给举办国及举办地留下更多积极的遗产，其中包括奥运比赛场馆和设施、专业技术、运行经验，以及有效地把控赛事举办的规模和成本的手段，同时促进举办国的奥运会组委会、相关机构及个人也开展相应的富有成效的活动。② 同时，对奥运会遗产的认识应当是多维度的，即奥运遗产所带来的，包括奥运场馆的后期利用、庞大接待能力的闲置、建筑行业不景气等在内的负面影响，也应当得到重视，并针对这些影响，从奥运会的筹备开始阶段，就秉承可持续的目的进行立意明确的长远规划。③ 2003年国际奥委会奥运会研究委员会发布相关报告，论述了奥林匹克遗产的重要性，并提到国际奥委会、奥运会组织委员会等相关方需要确保奥运会、冬奥会的举办可以给主办城市和其居民在场馆、基础建设、经验和专业知识方面留下重要遗产。④

2007年5月3日，国际奥委会在关于奥运筹办工作的报道文章中指出：奥运遗产的概念已经得到包括北京、温哥华、伦敦在内的，正在筹备和运行的奥运举办国和主办城市的充分认识与深入的建设落实。这些举办地的组委会通过和当地政府的合作交流，对举办地环境质量提升、饮用水标准提升，通过大型项目提升当地群众生活品质等方面

---

① Olympic Games Study Commission–Interim Report to the 114th IOC Session [R]. Mexico, 2002.
② POUND R W. The Olympic Game Study Commission [R]. Prague, 2003.
③ 任海. 北京奥运会后效应的思考 [J]. 体育文化导刊, 2005（4）：25-26.
④ 专家解读《北京2022年冬奥会和冬残奥会遗产报告集（2022）》：经过6年多工作形成7方面成果（走向冬奥）[EB/OL]. 人民网，2022-01-21.

做出了努力，同时，也积极探讨后奥运时期通过这些大型项目和设施给举办国和当地民众带来更多的实惠。

2012年，奥运遗产被国际奥委会划分为有形遗产和无形遗产，具体表述为体育遗产、环境遗产、经济遗产、社会遗产、城市遗产。其中，有形奥运遗产包含城市的交通基础建设完善、环境美化以及体育设施的完备，以增强城市的对外吸引力和提高当地民众的生活水平。无形的奥运遗产包括民族自豪感增加，增强的劳动力技能，在东道国民众中"感觉良好"的精神或重新发现民族文化和文化遗产，提高环境意识等。① 无论是国际奥委会还是申办、主办城市，都将遗产的规划和使用视为自身发展的重要因素。其中关于环境和可持续发展方面的遗产，近年来更成为国家奥委会和主办城市最注重的内容。

2014年，国际奥委会通过《奥林匹克2020议程》，为减轻主办城市的负担，更多地关注奥运会对主办城市的长期遗产。2015年，国际奥委会下属的可持续与遗产委员会成立，此举标志着可持续发展与奥运遗产的有机结合，成为未来奥林匹克运动发展和推广的新方向。2017年，国际奥委会发布有关奥运遗产的重要文本——《遗产战略方针》，将"遗产"一词存在的多个定义进行整合，提出：奥运遗产是愿景的结晶，它包含因举办奥林匹克赛事而给市民、城市/区域和奥林匹克运动本身带来的长期利益。②

目前国内对奥运遗产内涵的分析和阐释主要建立在国际奥委会《奥林匹克宪章》中有关奥运遗产的说明和属概念研究的基础上。

孙葆丽认为，奥运遗产是一个整体的概念，它是指奥林匹克运动

---

① OLYMPIC LEGACY [R]. Lausanne: International Olympic Committee, 2012.
② IOC. Legacy Strategic Approach Moving Forward [EB/OL]. Olympics, 2017-11-25.

在其历史发展过程中所遗留下来的有形遗产和无形遗产的总和。[1]熊晓正等学者把奥运遗产定义为,奥林匹克运动发展过程中所遗留下来的有关奥林匹克运动的物质财富和精神财富的总和。可归纳为有形遗产、制度遗产和精神遗产三大部分。[2]董进霞则进一步指出,奥林匹克遗产的连续性和根源性,受到来自不同学科以及多种因素的影响。[3]陈剑指出,奥运遗产价值就是奥运会对举办国和城市的直接利益以及对社会各层面的长期有益效应,并把那些直接性的可感知的积极影响界定为有形遗产价值,那些潜在性的不可感知的积极影响界定为无形遗产价值。袁懋栓表示,奥运遗产是每一届奥运会为奥运举办地留下的物质与非物质的,体育与延伸到体育之外的那些积极成就。[4]王成则认为,奥运遗产是一个多维的概念,无论是具体的体育场馆建筑、体育设施、城市景色等实物,还是较为抽象的体育理念、国家形象、办赛经验、对比赛的认同感、民族自尊等,都可以归入奥运遗产的范畴。[5]

　　学者们从不同角度对奥运遗产进行了定义和解读,即使存在着差异但内涵相同,普遍认为奥运遗产是指在申办、筹备和举办奥运会等过程中所创造并遗留下来的与奥运会密切相关的物质财富和精神财富的总和。有从奥运遗产总体上研究的,也有从奥运遗产的某一方面进行研究的,但大多认为遗产的性质是积极的、正面的。很多学者对奥

---

[1] 孙葆丽."人文奥运"的无形遗产[J].领导文萃,2008(6):20-24.
[2] 熊晓正,王润斌.对北京奥运会"独特遗产"的理解:实现"跟着讲"向"接着讲"的跨越[J].武汉体育学院学报,2006(10):1-5,10.
[3] 董进霞.北京奥运会遗产展望:不同洲际奥运会举办国家的比较研究[J].体育科学,2006(7):4.
[4] 袁懋栓.绿色奥运、科技奥运、人文奥运三大理念是奥运非物质遗产[J].北京社会科学,2008(3):14.
[5] 王成.青奥遗产:理论梳理与视点分析:南京青奥会精神遗产研究之一[J].体育成人教育学刊,2013,29(5):7.

运遗产予以细化研究，提出了"奥运文化遗产""奥运精神遗产""奥运效益遗产""奥运健康遗产""奥运文献遗产"等，徐拥军、闫静对这些不同种类奥运遗产进行了陈述[①]，并通过构建理论框架探究奥运遗产的内涵，根据多元化、可扩展、全周期以及系统性的原则，从本体论、认识论、方法论和实践论几个层次，深入探究奥运遗产的内涵及其内部各要素的联系。[②]

国外学者对奥运遗产的阐述更注重讨论其正负两方面的效应。从宏观的角度看，奥运遗产的设计需要举办方设计并打造一套合理的组织运行框架，而主办城市能够从这套框架的运行过程中，连续地、长久性地获得满足自己预期的利益。[③]加拿大学者Harry Hiller认为"遗产"通常指代奥运会带给主办城市的积极影响，但"影响"一词包含对主办城市正面和负面的两种可能。[④]澳大利亚学者Cashman结合悉尼在2000年奥运会后很长一段时间内受到的实际影响，指出奥运遗产对于举办城市的发展有着不可替代的推动力，这种推动力将在后奥运时期十年甚至更长时间内发挥着积极作用。[⑤]而Gratton认为，负面的奥运遗产相比积极的奥运遗产对主办城市的影响更大，更应当受到重视，因为它意味着奥运基础建设带来庞大债务杠杆、其他公共目标被舍弃、

[①] 徐拥军，闫静."奥运遗产"的内涵演变、理性认知与现实意义[J]. 首都体育学院学报，2019，31（3）：201-205，220.

[②] 徐拥军，张丹，闫静. 奥运遗产理论的构建：原则、方法和内涵[J]. 成都体育学院学报，2021，47（2）：16-21.

[③] 周，沃伦，波特，等. 奥运遗产的难题：设计超越奥运会的交通体系[J]. 城乡规划，2013（1）：89-94.

[④] HILLER H H. Mega-events, urban boosterism and growth strategies: An analysis of the objectives and legitimations of the Cape Town 2004 Olympic bid [J]. International Journal of Urban and Regional Research，2003，24（2）：449-458.

[⑤] CASHMAN R. The bitter-sweet awakening. the legacy of the sydney 2000 olympic games[M]. Sydney: Walla Walla Press，2005：56.

基础设施在奥运会后无法得到有效利用和针对性开发，一定周期内会产生挤出效应、因为奥运会期间物价上涨所造成的游客流失、旅游消费损失、社会公平的损害以及社会资源的重新分配等现象。[1] Robert 则认为"遗产"是一个自我确证的词汇，没有必要对其进行清晰的界定。[2]

（二）奥运会城市影响研究

1987 年 Mangan 和 Dyreson 就曾提出，首先，积极的奥运遗产可以有效地佐证奥运会对于举办国和主办城市有着促进作用，同时也规避了国际奥委会来自舆论的责难；其次，积极的奥运遗产也说明了将有限的公共资源引入暂时性或长久性的奥运基础设施是合理的；最后，如果积极的奥运遗产在后奥运时期发挥出的正面作用能够得到举办国家与城市的认可，就会间接地促进那些举棋不定的国家和城市坚定踊跃地申办奥运会，同时进一步提高国际奥委会的权利，为奥运会长期的稳定发展护航。[3]

2002 年国际奥委会出台规定，历届奥运会主办城市必须在奥运会后提交《奥运会总体影响》报告[4]，以便全面系统地评估奥运会对主办城市在社会、经济、文化等方面的影响。由此可见，国际奥委会对奥运会、奥运遗产以及奥运主办城市三者之间的相互关系投入了越来越多的关注，也引起国内外学者进行相关探索。

---

[1] GRATTON C, PREUSS H. Maximizing Olympic impacts by building up legacies [J]. International Journal of the History of Sport, 2008, 25 (14): 1922-1938.

[2] OLIVER R, LAUERMANN J. Failed olympic bids and the transformation of urban space: lasting legacies [M]. London: Palgrave Macmillan, 2017: 6.

[3] MANGAN J, DYRESON M. Olympic Legacies: Intended and Unintended [M]. London: Routledge, 2013: 1-254.

[4] IOC.Technical Manual on Olympic Games Impact [EB/OL]. (2007-07-01) [2023-11-16]. http:// www.gamesmonitor.org.uk/archive/node/2313.html.

1.奥运会对城市环境设施影响研究

在物质环境层面，举办一届奥运会对城市的影响直接或间接地体现在城市基础建设方面。1960年至今，举办奥运会意味着大规模的城市基础建设投入。不仅是新的体育场馆建设，奥运会还涉及其他大量城市基础建设项目，如城市路网、旅游及公共配套设施、城市绿化、城市景观改造工程等，同时，这些改变也会对城市的住房建设、旧城改造以及城市的形象提高等方面产生普遍而长久的影响。[1]

大部分学者认为举办奥运会对城市环境开发及公共设施完善有促进作用。Arata Isozaki认为，举办奥运会可以激发现有城市开发其环境和形象。Essex和Chalkley统计了1986年至2002年间，所有夏季与冬季奥运会主办城市在公共设施上的投入，认为举办奥运会促进了城市公共物品的完善。[2] Munoz认为，主办城市利用奥运会来增加已经存在的公共游憩空间的范围。[3]

许多主办城市会利用举办奥运会的契机将各种有利的资源整合在一起，以此增进当地发展，促进旧城区的改造和升级。往往这种时候，居住在旧城区的民众也更愿意考虑一定程度上牺牲自己的利益，以配合国家和城市顺利推进相关的城区改造工作。很多国外研究人员认为，举办大型赛事必须配套大型体育场馆的建设以及其他设施的覆盖，对

---

[1] HALL C M. The Effects of Hallmark Events on Cities [J]. Journal of Tourism Research, 1987, 26 (2): 44–45; CHALKLEY B, ESSEX S. Urban Development Through Hosting International Events: a history of the Olympic games [J]. Planning Perspectives, 1999, 14 (4): 369–394.

[2] CHALKLEY B, ESSEX S. Urban Development Through Hosting International Events: a history of the Olympic games [J]. Planning Perspectives, 1999, 14 (4): 369–394.

[3] MUNOZ F. Historic evolution and urban planning typology of Olympic villages [D]. Barcelona: Universitat Autonoma de Barcelona, 1997.

于城市的升级改造具有很好的促进作用。[①] Abad 通过采用战略性城镇规划的方法对巴塞罗那进行了分析，分析结果认为这种方法为往后历届奥运会的组织运行提供了一种新的参考。同时，他们也指出，这种创新的方法更强调在原有的基础上改造，而不是一味地扩容，通过重新规划公共空间进而促进可持续城市的结构。[②] 陈晓恬认为，历届奥运会场馆的建设规划的不断优化过程，是建立在有效结合城市体育设施布局及合理利用城市闲置废旧地块的理念之上的。[③] 黄艳认为北京奥运会奥林匹克公园中心区，最终选址在城市形态上要承担起更重要的文化传承作用，成为展示历史与未来、城市与自然相互交织、相互融合的新舞台。[④] 陈建则提出，伦敦借助举办2012年奥运会的契机，不仅城市环境、基础设施、产业规划等各方面获得了更新，英国政府更是通过《大伦敦空间发展战略》的规划，将未来着眼于重新成为欧洲的领袖。[⑤]

研究人员表示奥运会对主办城市空间结构调整有促进作用，德国学者 Preuss 认为奥运会影响着城市发展的方方面面，非常有可能将一座城市改造成为功能区明晰的现代城。[⑥] 古斯塔沃·安布罗尼西等学者认为奥运工程在"城市策略"的总体框架下与城市面貌的转变紧密相连，部分设施和建筑与城市的重建进程不谋而合，大型建筑物与开放

[①] BAADE R A, MATHESON V A. Bidding for the Olympics: Fool's Gold? [M] // BARROS C, IBRAHIM M, SZYMANSKI S. Transatlantic Sport. London: Edward Elgar Publishing, 2003: 127.

[②] ABAD J M. The Growth Of Olympic City Of Barcelona [J]. Olympic Review, 2001 (4-5): 7-8.

[③] 陈晓恬, 任磊. 百年奥运场馆构成与总体布局的演变 [J]. 城市规划学刊, 2007 (1): 71-78.

[④] 黄艳. 在北京城市发展战略与规划下的北京奥运会场馆设施规划建设 [J]. 建筑学报, 2008 (10): 11-15.

[⑤] 陈建. 一座城市的力量：从奥运话伦敦 [J]. 北京规划建设, 2006 (4): 29-30.

[⑥] PREUSS H. The Contribution of the FIFA World Cup and Olympic Games to Green Economy [J]. Sustainability, 2013, 5 (8): 3581-3600.

空间或是城市结构相融合。①廖含文和 David Isaac 从大事件选址的角度出发,研究分析了奥运会与城市空间二者之间的联系,他们认为,大事件的选址作为良好的契机,应当成为城市发展的有效助力,同时也是城市空间整体发展战略中的一部分及必要环节。②杨乐平和张京祥以1984年、1992年、1996年三届奥运会为例,提出在城市大事件选址的问题上,必须将其有机地与城市的协调发展紧密结合。③顾伟杰指出,北京奥运会推动了城市体育场馆建设的规模与科技水平,加快了后奥运时期北京城市旅游休闲健身公共游憩空间建设的发展速度。④

许多研究人员也将注意力投向全球性大事件对城市物质环境的影响层面,他们认为,全球性大事件的到来,也许会成为城市历史景观遭受破坏以及大范围拆迁导致环境成本骤增的潜在因素。Moore 在其有关伦敦奥运会潜在问题及解决方案的研究中,对伦敦奥运场地的可持续开发及利用持悲观态度,她认为,奥林匹克公园由于被大量奥运赛事场地包围,去往奥林匹克公园,必须先穿过这些场地,另外还要走过长而迂回的走廊,而且无法维持良好的日常秩序,因此奥林匹克公园在伦敦奥运会后,很可能会成为累赘。⑤游松辉和孔庆涛将举办奥运会对城市的影响分为申办期、筹备期、举办期、比赛期四个阶段,并结合悉尼奥运会的案例,指出在奥运会筹备期存在许多困难,例如,很难将过高的预期转变为现实、环境问题成为组委会的长期困扰、奥

---

① 安布罗尼西,贝尔塔,博尼诺等.可持续发展的奥运会?都灵2006年冬奥会的背景和遗产[J].世界建筑,2015(9):30-33,134.
② 廖含文,艾萨克.奥运会城市重构[J].城市建筑,2007(11):12-14.
③ 杨乐平,张京祥.重大事件项目对城市发展的影响[J].城市问题,2008(2):11-15,34.
④ 顾伟杰.后奥运时期北京城市公共游憩空间建设与市民幸福指数关系分析[J].体育与科学,2011,32(3):43-48.
⑤ 龚茂,寿太郎,李玉红.1964年东京第18届奥运会对东京城市景观的影响[J].中国园林,2003(2):66-70.

运会场馆和配套设施的建设给城市居民造成的不便，以及那些来自外部的潜在负面影响等。[①]

2. 奥运会对城市经济影响研究

在世界社会经济快速发展的大背景下，奥运会与主办城市自身也搭上了发展的快车，奥运会建设所需的投入也在不断扩大，这直接导致了奥运会主办城市在申办期间就必须慎重考虑经济层面的可操作性，由此也引起了国内外研究者对奥运会在经济层面的影响的关注。1984年，洛杉矶成为首个举办奥运会且盈利的城市，由此促进了世界各地其他城市对于举办奥运会的思考，也让奥运会为社会所带来的潜在经济效应获得了更多的关注。

奥运会对于促进主办城市增长这一观点得到不少学者认同。Andranovich 等学者认为，主办城市可以通过奥运会提高自身在世界的知名度和关注度，由此获得更多来自政府的资金支持，进而为城市的后续发展寻觅机会。[②] 赵燕菁站在城市经济学的层面指出，举办奥运会可以使城市即使在本地基础设施需求较低的情况下，仍然能获得跨越式的发展，因为奥运会所能带来的庞大外部需求，可以极大缩短城市在基础设施方面的投资周期，让城市的竞争力得到快速全面提升。[③] 沈望舒则提出，通过奥运会这一平台政府和企业共同推动经济的发展，是悉尼奥运会在产业发展上获得成功的原因。[④] 许彩明、丁焕香认为奥运会能给举办城市和国家带来直接和间接的收益，包括举办城市和国

[①] 游松辉，孔庆涛. 从悉尼奥运会看奥运会对举办城市的影响 [J]. 上海体育学院学报，2003 (5)：11.

[②] ANDRANOVICH G, BURBANK M J, HEYING C H. Olympic cities: Lessons learned from Mega-event politics [J]. Journal of urban affairs, 2001, 23 (2): 113-131.

[③] 赵燕菁. 奥运会经济与北京空间结构调整 [J]. 城市规划，2002 (8)：29-37.

[④] 沈望舒. 访澳启示录：奥运搭台如何唱戏 [J]. 北京观察，2005 (5)：10-13.

家能否收回成本甚至盈利。① 周晓丽、马小明认为，城市在承办奥运会过程中，会使得自身经济发展获得更大动力，这也是各国政府热衷于承办奥运会的重要原因。② 陈璐瑶指出，在举办奥运会过程中，需要全面与深入地对奥运会所带来的具体经济影响加以评估，评估奥运会对于城市经济实际影响是否大于举办奥运会的资金投入。③ 黄磊、林显鹏认为奥运会带动举办城市经济增长，推动奥运会举办城市产业结构调整，奥运会的大型体育场馆为我国公共卫生防控提供巨大支持。④ 张萍、孙俊涛认为奥运会改进了主办城市的旅游基础设施，基础设施的提高带来了旅游收入的提高以及各种不同类型旅游业的形成。⑤

奥运会的举办也可能促进经济政策的形成，Burbank 等学者表示，奥运会对于地方经济政策的形成有着积极的影响，这种影响是一种新型的、有待进一步挖掘潜力的公共政策战略，但其伴随着高风险。他们通过分析美国地方发展政策得出结论，奥运会对主办城市而言，不仅能够促进城市旅游业的发展，同时也有利于城市场所营销的推动，因此奥运会本质上是一项促进城市发展的公共政策战略。⑥ 陆枭麟和张京祥则指出，举办奥运会这样的大事件，如果能够与国家总体宏观政

---

① 许彩明，丁焕香.奥运会对主办城市短期经济影响的相对效率评价[J].体育科学，2009，29（4）：76-79，88.
② 周晓丽，马小明.国际体育赛事对举办城市旅游经济影响实证分析[J].经济问题探索，2017（9）：38-45.
③ 陈璐瑶.中国马拉松赛事对城市经济影响的实证研究[D].郑州：河南财经政法大学，2019.
④ 黄磊，林显鹏.举办大型体育赛事对城市经济更新的影响及其作用路径研究[J].湖北社会科学，2020（5）：99-105.
⑤ 张萍，孙俊涛.北京奥运会对城市旅游业发展的影响[J].体育文化导刊，2012（2）：100-103.
⑥ BURBANK M J, ANDRANOVICH G, HEYING C H. Mega-events, Urban Development and Public Policies[J]. Review of Policy Research, 2002, 19（3）：180-190.

策的调整紧密联系在一起，将会对宏观经济形势变化带来的包括经济危机在内的外部消极影响有良好的缓解作用。①

有学者认为，奥运会与城市经济增长关系并不密切，Baade等学者通过研究认为"体育战略"并不适合当作社会经济和城市发展的引擎，其效果往往不尽如人意。②French等学者则指出，1996年亚特兰大奥运会对主办城市的后续发展，尤其是中央商务区的发展带来的促进作用，与赛前的预期存在着较大落差。③

也有学者认为，奥运会实际上会给主办城市的经济带来负面效应。中国学者董杰认为，奥运会对主办城市经济产生的负面影响主要包括体育设施闲置、城市非受益人群的生活受损和社会额外支出增加等三个方面。④熊艳芳指出对于举办奥运会需要投入的庞大基础建设投资，所造成的地方财政预算失衡和经济波动，有必要得到重视，对其他行业而言，也必须调整本行业的政策以期有效应对这种负面影响。⑤聂婷在分析和比较了所有奥运主办城市在后奥运时期的经济发展状况之后，列出了三类风险，即奥运会筹办阶段的过量投资和后奥运时期投资滑落导致的经济风险，后奥运时期体育设施和基础设施无法得到有效开发和利用造成的投资风险，奥运周期前后由于热钱对于奥运概念过度

---

① 陆枭麟，张京祥.宏观经济环境变迁与城市大事件效应[J].国际城市规划，2010，25（2）：68-73.
② BAADE R A, MATHESON V A. Bidding for the Olympics: Fool's Gold? [M] //BARROS C, IBRAHIM M, SZYMANSKI S. Transatlantic Sport. London: Edward Elgar Publishing, 2003: 127.
③ FRENCH S P, DISHER M E. Atlanta and the Olympics [J]. Journal of the American Planning Association, 1997 (63): 379.
④ 董杰.奥运会对举办城市经济的负面影响及对策研究[J].西安体育学院学报，2004（2）：8-12.
⑤ 熊艳芳.奥运会对举办城市的负面影响[J].体育文化导刊，2008（2）：64-66.

追捧带来的房地产业泡沫风险。①林显鹏指出,大多数奥运场馆在后奥运时期长期亏损运营,是主办城市在奥运会前期进行的投资论证以及建设规划不充分导致的。②Brunet 则提出,在巴塞罗那奥运会期间住宿、餐饮等各项城市基础服务的物价均上涨明显。③鄢慧丽认为体育赛事的快速发展与赛事的运营组织发展缓慢之间矛盾越来越凸显,使得奥运会给城市经济以及社会发展带来的效益因此有所削弱。④

3. 奥运会对城市社会影响研究

许多学者都认为奥运会给主办城市提供了一个彰显自身价值和取得外部世界认可的良好契机,它使得主办城市的形象能够获得提升。Boo 等学者通过研究发现,承办大事件所体现出来的实际效果与大事件主办城市作为旅游目的在游客心目中正面与负面的形象转换,二者之间有着重要联系。⑤Guala 指出,一座城市在升级发展模式的道路上,重塑形象是一条有效途径,而奥运会的举办又恰巧能够为城市的形象重塑在国际层面上提供良好的策划和传递作用。另外,他还通过分析都灵冬奥会与都灵城市形象重塑之间的联系,指出都灵应当凭借举办奥运会的契机将城市形象与阿尔卑斯山紧密联系在一起。⑥

---

① 聂婷."后奥运经济"的发展研究:基于历届奥运会举办城市发展状况的对比分析[J]. 中小企业管理与科技,2007(9):50-51.

② 林显鹏. 现代奥运会体育场馆建设及赛后利用研究[J]. 北京体育大学学报,2005(11):6-9.

③ BRUNET F. An economic analysis of the Barcelona'92 Olympic Games: resources, financing and impact[M]//DE MORAGAS M, BOTELLA M. The Keys to Success. The Social Sporting Economic and Communication Impact of Bacelona'92. Barcelona: Universitat Autonoma de Barcelona, 1995: 203-237.

④ 鄢慧丽. 体育赛事与举办地城市发展的耦合时序演化及影响因素研究[J]. 中国体育科技, 2019, 55(3):51-58.

⑤ BOO S, BUSSER J A. Impact Analysis of a Tourism Festival on Tourists Destination Images[J]. Event Management, 2006, 9(4):223-237.

⑥ GUALA C. Rebuilding Turin's Image: identity and social capital looking forward to 2006 Winter Olympics Games[R]. 39th ISo Ca RP Congress, 2003.

举办奥运会也是增强市民认同感的有效途径。Essex 指出举办奥运会能够维持地区的社会传统及增强当地的价值观念，并且使地域的自豪感和社区精神得到提高。[1] Hooper 认为，通过提高社会体育的参与度并融入娱乐性，为民众提供了一种康乐意识，使他们获得自我满足感和成就感，促进社会交流和凝聚力。由此可见，巴塞罗那奥运会为城市所带来的不断增强的社区精神，是这座城市社区体育活动大规模普及的直接原因。[2] Mckay 和 Plumb 还认为，奥运会带给主办城市的最深刻变化并不是经济，而是城市形态和城市管治。魏然认为日本通过举办节目抓住了本土文化的卖点，有倾向性地选定节目内容，着重宣传东京城市的"文化"层面，也间接地为树立东京的"文化都市"城市形象贡献了力量。[3] 孙伟在探究后奥运时期我国文化创新的路径时提出，大力发展体育文化产业，是满足不同层次人们文化消费需求的有效途径，在城市文化核心竞争力的形成中具有不可替代的作用。[4] 李站平以北京奥运城市体育文化节为例，从多个方面分析了体育文化节的成功经验，包括政府的高度重视、文化的不断创新及成功的宣传策略。[5]

然而，举办奥运会会对主办城市的社会文化产生类似于交通堵塞、环境污染等社会问题的消极影响，这一观点为部分学者所坚持。Vigor 通过研究发现，城市中最需要改善的民众和区域并没有在奥运会的举

---

[1] CHALKLEY B, ESSEX S. Urban Development Through Hosting International Events: a history of the Olympic games [J]. Planning Perspectives, 1999, 14 (4): 369–394.

[2] GRATTON C., PREUSS H., LIU D.The positive legacies of the olympic games in beijing 2008 [M]. The Routledge Companion to Sport and Legacy. London: Routledge, 2015: 46–58.

[3] 魏然. 日本 NHK 的 2020 年奥运会传播战略及启示 [J]. 中国电视, 2016 (9): 100–101.

[4] 孙伟. 后奥运时期我国城市体育文化创新的路径选择 [J]. 成都体育学院学报, 2010, 36 (12): 1–5.

[5] 李站平. 增强民族文化竞争力的当下思考：以北京奥运城市体育文化节为例 [J]. 人民论坛, 2012 (35): 184–185.

办中获益。历届奥运会主办城市在后奥运时期所谓可持续性发展以及积极处理奥运遗产等问题都是缺乏明确操作手段的,是失衡的。例如,住房问题和交通拥堵问题,以及社区文化设施配套的问题,并没有因为举办奥运而得到妥善解决。弱势人群在奥运举办的过程中无法获益,更多的是作为受害者,进而导致贫困问题进一步加重,使得社会群体之间的割裂加重。[1] Burbank等试图通过城市政体理论去阐述城市将承办大事件作为发展导向的原因,他们认为群众无法参与到奥运中来,用于公共利益改善的政府财政预算大幅缩减,公共目标受到忽视等社会问题一定程度上是举办奥运会导致的。[2] 张京祥等学者以南京奥体新城为案例,结合城市增长机器理论,分析了城市增长联盟从形成、博弈到解体的整个过程,认为城市增长联盟具有功利性和高风险性的特征,同时它的组织架构也缺乏严谨性,因此非常脆弱。[3] 另外,张京祥等还指出,普通民众和大部分纳税人无法触及大事件的增长联盟核心,却要背负大事件的经济风险,而只有少数人能够通过大事件在经济上获益。不仅如此,举办奥运会普通民众还需要面临由于土地价值飞升引发的社会通货膨胀而带来的沉重负担。[4] 胡博然、孙湛宁认为,冬夏季体育文化协同组织和协作机制缺乏是影响北京城市体育文化发展的重要因素。[5]

---

[1] 周, 沃伦, 波特, 等. 奥运遗产的难题:设计超越奥运会的交通体系 [J]. 城乡规划, 2013 (1): 89-94.

[2] BURBANK M J, ANDRANOVICH G, HEYING C H. Mega-events, Urban Development and Public Policies [J]. Review of Policy Research, 2002, 19 (3): 180-190.

[3] 张京祥, 殷洁, 罗震东. 地域大事件营销效应的城市增长机器分析:以南京奥体新城为例 [J]. 经济地理, 2007 (3): 452-457.

[4] 张京祥, 陆枭麟, 罗震东, 等. 城市大事件营销:从流动空间到场所提升:北京奥运的实证研究 [J]. 国际城市规划, 2011, 26 (6): 110-115.

[5] 胡博然, 孙湛宁. 北京冬奥会背景下奥运场馆与城市体育文化共生内在逻辑与发展策略 [J]. 体育文化导刊, 2021 (12): 7-12, 19.

目前关于奥运会对主办城市影响的研究更多偏向于总结和归纳，缺乏创新性和建设性。当前的研究更多的是试图在理论上探讨和阐述奥运遗产的功能和意义，而不是更立体、多维度地对奥运会与城市可持续发展的相互关系形成体系化的深度研究。北京奥运会结束之后，很多研究都是针对奥运遗产本身进行直接探讨，立意与高度尤显不足。另外，这些研究更多侧重于从自身行业的角度和利益出发，去探讨如何让奥运会结合城市的未来发展，缺乏大局观。在讨论奥运会的城市遗产时，主要是从物质层面、社会层面（社会、经济、政治等）进行探讨，脱离了城市中最重要的因素——人及人的观念、行为，沉浸在对器物、技术进步的追求中。最重要的是，国内鲜少涉及冬奥会和冬残奥会遗产的研究，这一情况仅在2022年冬奥会申办成功后有所改善，但大部分学者对冬奥会及其遗产重视程度不够，总体成果不多。

第三章

可持续城市——城市可持续发展的目标定位

当前，全世界都面临着巨大的经济、社会和环境问题的挑战。联合国《2023年可持续发展议程》第37段提到，"体育运动也是可持续发展的重要推动因素。我们认识到体育在促进发展和和平方面的日益增长的贡献，促进包容和尊重，以及它对赋予妇女和青年、个人和社区以及健康、教育和社会融入目标的能力所做的贡献"。正如奥林匹克运动"通过体育建设一个更美好的世界"的愿景一致，奥林匹克运动既有机会，也有责任积极参与全球可持续发展议题的讨论。

奥运会作为作用于城市建设的外部力量，给城市的发展带来了强劲的推动；而城市作为奥运会开展活动的主要场所，是奥林匹克运动实践自身可持续发展的理想平台。城市在试图打造一届成功奥运会的同时，也应当从可持续发展的层面考量奥运会与城市发展之间的关系。[①]奥运会与主办城市的互动共赢，是奥运会可持续发展以及城市可持续发展的共同需要。因此，有必要厘清奥运会与主办城市的互动关系，来探索实现两者可持续发展的新模式。

事实上，城市不仅是一种社会生活方式，也是各种社会群体行为活动之间相互作用影响的结果。尽管物质空间对城市可持续性有着不可忽视的外在影响，但价值观念、行为活动等社会层面的非物质性要

---

① 任海.北京奥运会后效应的思考［J］.体育文化导刊，2005（4）：25-26.

素的内在作用能更深刻地影响城市可持续发展。城市建设需要遵循可持续发展的原则，满足人的需求，创造人的美好生活，为此，需要一种有效的规划体制和建设模式来实现城市的可持续发展。可持续城市作为城市发展的目标定位，对解决城市可持续发展过程中出现的问题具有积极的导向作用。因此，将奥林匹克运动与可持续城市相结合，探索奥运会与可持续城市互动共赢的新模式，是实现奥运会与主办城市可持续发展的有效途径。

可持续城市作为可持续发展理念下城市发展的目标和理想模式，致力于解决主办城市强劲扩张带来的社会、经济和环境问题。在《奥林匹克2020议程》中提出与遗产和可持续发展主题密切相关的新的奥运会申办程序后，探索主办城市可持续发展的新方向，对解决奥运会乏人申办的尴尬境遇、促进奥运会和主办城市可持续发展有着重要意义。

一、可持续城市的概念界定

可持续城市（Sustainable City）常与城市可持续发展（Sustainable Urban Development）、城市可持续性（Urban Sustainability）等概念相关联，三个名词基于可持续发展理念的城市发展的目标、过程和条件展开，分别从不同角度阐述了可持续发展思想在城市发展中的应用。

可持续城市的重点在于它是城市发展的终极目标，城市可持续发展强调城市的发展过程，城市可持续性则表达了能够实现可持续发展的状态和条件。可持续城市一方面作为理想状态评估城市可持续发展的条件，即城市可持续性是实现可持续城市目标的必要条件。另一方面可持续城市又作为目标引领城市的可持续发展，同时城市可持续发展的过程又在促进可持续城市目标的实现；而城市可持续性则表现了城市可持续发展的能力。

综合文献综述中关于可持续城市概念的不同见解,以及可持续城市的实践需要,本书认为,可持续城市是满足可持续发展目标的理想城市模型,指支撑城市发展的各系统与功能之间相互协调,实现可存续环境、绿色经济、和谐社会以及人的全面发展,能够增进居民福祉,又能满足未来需求的城市形态。

二、可持续城市的要素禀赋——三大支柱及其内涵

人们最初基于可持续发展的理解将现实世界分为社会、环境、经济三个层面,它主张为了人类与地球去创造一个融合可持续性、包容性以及抵御风险的弹性的未来而奋斗。1997年,英国学者约翰·埃尔金顿最早于1997年提出了关于三重底线的概念,具体是指让经济、环境、社会三者的发展取得和谐一致。三重底线作为一种新的考量社会成功的价值标准,分别从环境、经济、社会三方面对组织行为或社会行为进行综合评判。也就是说,组织和社会的发展必须具备可持续性,要让自身、社会民众以及环境的利益和谐统一。可持续发展的实现必须使社会包容性、经济增长以及环境保护三者协调发展,因为这三者之间的协调关系直接决定了城市和民众的福祉实现。

而可持续城市是基于可持续发展理念指导下的城市发展目标和发展方式,本书将经济、环境、社会作为考量城市可持续发展的要素,并将可存续环境(Viable environment)、绿色经济(Green economy)、和谐社会(Harmonious society)等城市发展目标作为可持续城市的三大支柱。

(一)可存续环境

环境是可持续发展最基本的要素,提供人类生存全部的物质基础和发展空间。人类改造环境的历程与人类存在的历史一样悠久。早期

人类受到活动能力、深度和广度的限制，在改造世界的过程中，对自然的影响极其有限，随着人类改造自然的能力增强，改造自然的范围、程度和方式发生了巨大的变化，资源环境问题开始显现。正如芭芭拉·沃德在《只有一个地球：对一个小小行星的关怀和维护》中所说："人类改造世界的规模和步伐，随着物质文明的每一步发展和提高而加大。"资源环境在人口迅速增长、人类生产和生活方式深度变化的重压之下，遭受了巨大破坏，人与自然环境的矛盾日益尖锐，也给人类自身发展的前景蒙上了阴影。不断触及自然的底线，人类赖以生存的环境将不复存在。

人类对环境影响最集中的地方是城市，同时，人类对环境破坏最严重的地方也是城市。在城市这个典型的人工生态系统当中，对环境的认识不应只是局限于自然领域。近几十年来，"环境"这一术语涵盖的范围急剧扩大与可持续发展理念紧密相连。人口增长与城市发展突破环境承载能力，社会需求激增造成资源供求矛盾以及废弃物集中，不尊重生态规律的规划布局导致城市生态系统的破坏，也制约着城市的发展。一些城市聚焦于自身可持续发展的同时，却不断加剧周边地区的资源消耗与生态破坏，将环境污染转移到落后地区，造成整个区域发展不可持续，形成"不可持续海洋中的可持续孤岛"[1]。作为开放性区域系统的可持续城市对环境的要求也是可持续的。

可存续环境是指在城市维持绿色环境的过程中，保护城市环境的生产潜力和功能，维持其自然秩序，实现人与自然的和谐发展。一方面，要重视环境自身的发展权利，转变"人类中心主义"和"功利主义"的环境发展观，强调自然的内在价值；另一方面城市的发展也必须考

---

[1] GIDDINGS B, HOPWOOD B, O'BRIEN G. Environment, Economy and Society: fitting them together into sustainable development [J]. Sustainable Development, 2002, 10(4): 187-196.

虑环境成本，抛弃以牺牲环境为代价的城市发展方式。

可存续环境还强调环境公正，不仅着眼于未来考虑代与代之间的平等，也从整体观念上考虑代内的平等。[①]清洁的水、卫生的居住环境、可再生和重复利用的能源、可升级的气候变化解决方案、建立抵御气候相关的灾害和自然灾害的能力、城市及周边生态系统和生物多样性的平衡，都是可存续环境致力的目标。

(二) 绿色经济

一个以贫穷为特点的世界也将永远摆脱不了生态和其他的灾难。[②]根据唯物史观的理解，社会发展必须以经济增长为基础，经济因素对于衡量社会发展有着最基本的决定性作用。[③]可持续城市不仅要求消除城市中的贫困现象，还要促进兼顾环境可持续、社会公平的经济增长，并且富有包容性地为城市中的居民提供就业机会，以改善生活水平，减少不平等。

人类不恰当的消费和生产模式恰恰是城市不可持续发展问题的主要原因，"如果要达到合理的发展目标，就必须提高生产的效率和改变消费，以最高限度地利用资源和最低限度地生产废弃物"[④]。绿色经济既是以绿色产品和服务为主的一种经济形态，又是针对环境制约因素调整总需求，并创建资本的一种经济手段。[⑤]要实现城市的可持续发展，

---

① 诸大建. 关于可持续发展的几个理论问题 [J]. 自然辩证法研究，1995 (12)：28-31，50.
② 世界环境与发展委员会. 我们共同的未来 [M]. 王之佳，柯金良，等译. 长春：吉林人民出版社，1997：10-11.
③ 中共中央马克思恩格斯列宁斯大林著作编译局. 马克思恩格斯选集：第4卷 [M]. 北京：人民出版社，1995：695-696.
④ 21世纪议程 [R]. 联合国环境与发展大会，1992.
⑤ 盛馥来，诸大建. 绿色经济：联合国视野中的理论、方法与案例 [M]. 北京：中国财政经济出版社，2015：3-4.

必须坚持绿色经济的发展模式。

可持续城市在经济领域上追求的是生产、消费领域的绿色经济，城市在进一步降低生态投入的同时，也要努力提高人类发展水平，追求最佳城市生态投入产出效率。[①] 绿色经济要求社会创造条件，使人们得到既能刺激经济又不会危害环境的优质就业，也要求为所有达到工作年龄的人提供就业机会及像样的工作环境。

在生产和消费过程中，削减可预期的社会和环境成本，提高经济的效率与竞争力以降低贫困人口数量，实现总体发展规划，需要秉承绿色经济的观念，提高环境资源和已开采能源的利用率，建设具有可持续性的基础设施，努力让民众享受到社会基本公共服务，尽可能获得绿色和体面的工作机会，提高生活品质。可持续生产和消费的核心诉求是"降耗、增量、提质"，具体地说就是首先通过降低生命周期的各项能耗，尽量避免环境遭受破坏和污染，以此提高生活品质和经济活动的净福利收益。这个过程需要社会各界人士都积极响应和参与进来，通过生产消费链中每个参与个体的学习和合作，例如，向消费者普及可持续理念，推广可持续的消费和生活模式，树立行业标准和明晰产品标签，让消费者充分知晓产品信息，加强可持续职能部门公共采购等。城市的可持续发展模式应当是资源利用最小化，经济效率、稳定、创新最大化，另外还要持久地促进具有包容性的可持续经济增长，提高生产性就业率以及每个劳动个体获得体面的工作机会。[②]

绿色经济倡导可持续的经济增长方式，避免高污染的排放和高消费的生活，有规划地合理开采和利用资源。绿色经济主张人们不断开

---

① 联合国，国际展览局，中华人民共和国住房和城乡建设部，等.上海手册：21世纪城市可持续发展指南·2016[M]. 北京：商务印书馆，2016：73.

② 联合国.可持续发展目标[EB/OL]. 联合国官网，2015.

发和利用新的生态技术，调整和改善产业结构，下力气推动生态工艺升级，提高生产方式和生态化水平；倡导设计科学的、绿色环保为主要架构的生活方式，提升对环境资源的开发利用率，在各个领域促进生态物质文明建设，从根本上遏制环境恶化的趋势，打造守护环境、恢复生态、科学利用资源的三位一体的生态空间格局，有利于世界各国人民走上生产力和生活水平提高、环境生态良好的前进道路。

（三）和谐社会

可持续发展是要满足人的基本需求，向所有人提供实现美好生活愿望的机会[①]，同时，可持续发展也强调社会与自然的发展是一个协调统一的过程，必须将环境的承受能力有效地与社会的发展结合。随着环境资源的逐渐匮乏、环境污染越发严重，以及环境资源分配失衡，加重了人们之间的贫富差异，成为影响社会稳定的重要因素，环境恶化威胁城市中人类的生存又可能导致社会混乱。而市场经济以及社会关系的异化、人与人之间利益的对立，引起了人们之间前所未有的利益追逐，使人对自然的改造变得更为迅速也更加无序。可持续发展需要整个社会以及民众对当前的发展模式以及生活方式进行反思并进行有效的变革。

可持续发展与社会的公平正义是相互依存的关系，社会的公平正义包含于可持续发展的内在文化之中，同时，社会的公平正义也是可持续发展的制度保障，可持续城市内部不同群体及个人之间的关系亦是如此。可持续城市强调社会的和谐发展，"和谐"在中国传统文化中表示多元、异质事物的协调及对立的消解，老子的"小国寡民"、孔子的"礼之用，和为贵"，到康有为的《大同书》和孙中山的"天下为公"

[①] 世界环境与发展委员会.我们共同的未来[M].王之佳，柯金良，等译.长春：吉林人民出版社，1997：10-11.

理想，都在一定程度上体现了他们对社会和谐的追求。西方哲学中柏拉图向往并试图建立的"理想国"就是一个等级分明、上下有序的"和谐"社会，近代法国空想社会主义者傅立叶也提出"社会和谐"理念以实现社会各阶级的融合，马克思更是提出以"自由人的联合体"为名的和谐社会理想。

可持续城市和谐社会意味着社会的稳定与进步，在公众参与、社会包容、社会治理、公共服务等方面满足人的需要，促进人的发展同时又强调社会的发展与环境的可持续相契合。一方面，和谐社会可以为可持续城市提供便于生活的城市服务；另一方面，和谐社会又是市民拥有民主参与权利的社会。强调不仅稀缺性资源在社会群体之间的公平分配，更强调弱势群体在城市中的基本需求和发展机会得到满足。

和谐社会致力于创建和平、包容的社会，减少不平等、消除歧视，促进居民充分融入社会、经济和政治生活。确保所有人，特别是弱势群体享有平等获取经济资源和公共服务的权利。和谐社会的建设还需要建立和维护政府、企业与社会组织的伙伴关系与合作以促进城市可持续发展。

（四）可持续城市三大支柱对环境、经济、社会矛盾的化解

可持续城市三大支柱之间存在一定的互动关系，是由可持续发展环境、经济、社会三大支柱作为基本构成，并在可持续城市建设中化解三大支柱间的矛盾，通过可持续城市目标赋予城市可持续发展新的内涵。

城市中环境、经济和社会从来都不是孤立存在的，人为地割裂三者的联系会导致城市的整体性被破坏，城市发展的目标也难以实现。然而，城市在可持续发展过程当中，经济、环境、社会之间的优先程度也会存在一定的矛盾，需要在可持续城市的发展目标和过程当中化解（见图3-1）。

<<< 第三章 可持续城市——城市可持续发展的目标定位

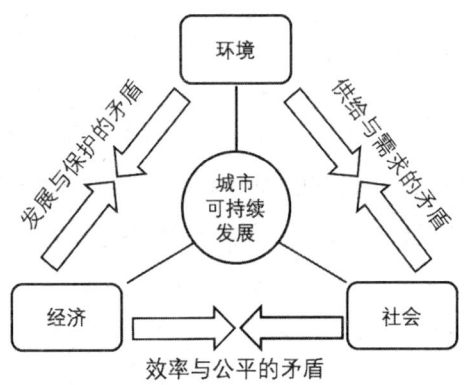

图3-1 城市可持续发展过程中潜在的矛盾[①]

经济与环境之间存在着发展与保护的矛盾。经济增长的同时也可能对资源、生态环境产生一定的消耗和破坏，因此在经济利益的评价中需要考量环境的承载能力，对环境价值的损失进行合理的补偿，形成相应的保护机制。然而，如果单纯考虑环境的价值不对资源进行有效的开发和利用，不仅会限制经济的增长，还会阻碍城市的发展，不利于居民生活水平和质量的提高。

经济与社会之间存在着效率与公平的矛盾。经济增长的效益和速度的提升对于解决社会中的就业、贫困、居住、食物等问题有着积极的作用，但是在城市发展的过程中，为了促进经济效率的提高需要对社会公平做出一定的牺牲，而资源和财富分配的不平等可能会带来潜在的社会隐患。然而，如果一味坚持收入分配的公平，又可能导致效率的降低，从而减缓城市发展的速度，不利于整个社会的进步。

环境与社会之间又存在着供给与需求的矛盾。伴随着生活水平的提高，人们对于生活质量也有着相应的需求，需要环境供给高质量的

[①] CAMPBELL S, 刘宛. 绿色的城市、发展的城市、公平的城市？生态、经济、社会诸要素在可持续发展规划中的平衡 [J]. 国外城市规划, 1997（4）: 17-27.

公共产品，如适宜生存的气候、多样性的物种、充足的养分，以及物质代谢和精神调节在内的生态功能。然而环境所供给的产品和功能往往赶不上人们在社会生活中（衣食住行）需要消耗的资源以及排放的废弃物，环境支撑社会生活的能力减弱，难以为人类的生存创造福利。

在可持续城市绿色经济、可存续环境、和谐社会三大支柱的引领下，城市发展中经济与环境间发展与保护的矛盾、社会与经济间效率与公平的矛盾，以及环境与社会间供给与需求的矛盾，都有望取得平衡，获得新的内涵（见图3-2）。

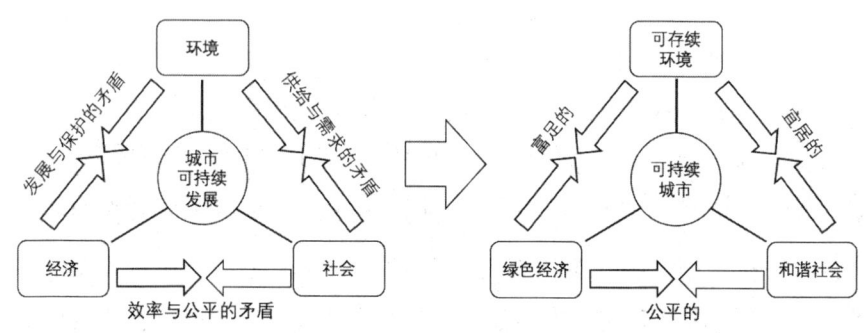

图3-2 可持续城市三大支柱对环境、经济、社会矛盾的化解

可存续环境为城市经济的发展提供充足的资源和空间，可持续城市中环境的承载能力能够支撑经济的发展，为了使资源环境能够在时间维度上实现可持续，经济发展的方式就必须遵循绿色的发展方式，由此避免了经济发展与环境保护的矛盾，因此可存续环境与绿色经济交叉下的城市是富足的。因此，城市需要绿色经济理念引领经济的发展，以使环境得到保护，同时可存续环境源源不断地为经济提供充足的资源和空间，从而保障经济的绿色发展。

城市经济增长在消除贫困、提高社会生活水平的同时，为了维护社会的和谐又要公平合理地分配资源,使得经济效益与社会公正取得平衡,而只有安定和谐的社会才能对促进经济平稳快速的增长起到积极作用,由此避免效率与公平矛盾造成的经济衰退和社会不稳定,因此绿色经济与和谐社会交叉下的城市是公平的。在可持续城市的规划建设中,有必要统筹兼顾效率和公平,以绿色经济的增长作为改善社会中收入分配的前提,并以和谐社会中公平的资源配置和收入分配作为经济效率提高的保证,使绿色经济的增长与和谐社会发展相协调。

城市中最重要的元素——人及人的生存需求和生存空间都需要环境来保障,环境需要为社会提供舒适的空间和优质的生活资料,而社会的进步以及人们生活质量的提高又为环境的可持续带来了新的理念和技术,增强环境可持续的能力,在和谐社会与可存续环境的交叉下形成宜居的城市。可持续城市需要遵循"既满足当代人的需求,又不损害后代人满足其自身需求的能力"这一发展原则,实现环境可持续与社会和谐的协调发展。

综上,可持续城市就是在可存续环境、绿色经济、和谐社会相互交叉下,形成的一个富足的、公平的、宜居的城市(见图3-3)。

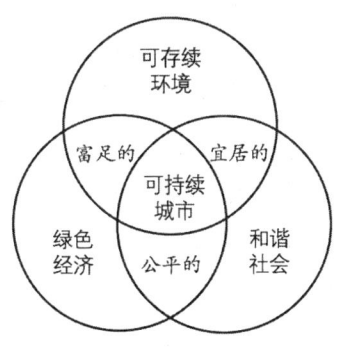

图3-3 可持续城市三大支柱之间的关系

三、小结

可持续城市是满足可持续发展目标的理想城市模型，指支撑城市发展的各系统与功能之间相互协调，实现可存续环境、绿色经济、和谐社会以及人的全面发展，能够增进居民福祉，又能满足未来需求的城市形态。

可持续城市又是在可存续环境、绿色经济、和谐社会三大支柱的交叉下，形成的一个富足的、公平的、宜居的城市，对于解决城市经济与环境间发展与保护的矛盾，社会与经济间公平与效率的矛盾，以及环境与社会间供给与需求的矛盾有着重要的作用。

可持续城市理念对于解决奥运会主办城市强劲扩张带来的社会、经济和环境问题，探索奥运会和主办城市可持续发展的新方向有着重要意义。

第四章

奥运会与可持续城市互动的基础

可持续城市是城市可持续发展的目标定位,在奥运会主办城市的互动中,奥运会与可持续城市的结合不单是因为可持续城市是符合城市发展的理想目标,更在于奥运会与可持续城市的结合有着一定的理论和实践基础。

一、理论基础:人的发展是可持续城市与奥林匹克运动的共同旨归

可持续城市对可存续环境、绿色经济和和谐社会三位一体的追求,实际上与奥运会对主办城市可持续发展的追求是一致的,原因在于可持续城市与奥林匹克运动有着共同的旨归——人的发展。

(一)以人类和谐发展为中心的奥林匹克主义

国际奥委会将奥林匹克定义为"奥林匹克主义是将身、心和精神方面的各种品质结合起来并使之得到提高的一种人生哲学。所要建立的人生的道路是以奋斗的乐趣,以优秀的榜样进行教育的价值和对一般伦理的基本原则的尊敬为基础的"。它的目标是将竞技运动置于为人的和谐发展服务的位置,以期建成一个和平的维护人的尊严的社会。

随着社会的发展和人类的不断进步,奥林匹克主义的内涵也在不断丰富。但归根结底,奥林匹克主义是以人的和谐发展为中心的哲学,而人的和谐发展又与人自身、人与自然、人与社会的关系密切相关。因此，以人的和谐发展为中心的奥林匹克主义包括了人自身的和谐发展、人与社会的和谐发展以及人与自然的和谐发展三个维度。

1. 人自身的和谐发展

现代奥林匹克运动是伴随着文艺复兴思潮以及工业文明的兴起产生和发展的，文艺复兴时期人本主义的思想观念以及大工业生产带来的"文明病"推动了奥林匹克运动以人自身的和谐发展为核心的价值取向。

14世纪开始，欧洲相继发生了文艺复兴、宗教改革和启蒙运动，展开了以资产阶级新文化取代封建主义旧文化、以人权反对神权为核心的思想解放运动。与"灵肉对立论"和"禁欲主义"相对立的人文主义在这一阶段得到了颂扬，人们开始极力挣脱宗教对人的思想和行为的禁锢，以人的主体地位作为思考的中心。三大思想文化运动在复兴古希腊身心和谐发展的教育思想的同时，更赞美古希腊的人文精神与理想。古罗马诗人朱维纳尔（Juvénal）"健全的精神寓于健全的身体"的思想也被用来抨击中世纪基督教神学关于"肉体是灵魂的监狱"的腐朽说教，在复兴古典文化的基础上，宣扬"灵肉和谐""身心并完"的身体观。正是在三大思想文化运动反对封建愚昧，提倡科学的思想传播，自由、平等、博爱和个性解放的思想得到扩散，人自身的发展被提到从未有过的高度，不仅推动了近代教育和科学技术的变革，更是为现代奥林匹克运动扫清了思想障碍。

顾拜旦对文艺复兴运动所提倡的资产阶级民主、自由思想非常仰慕，对基督教压抑人的禁欲主义也进行了批判，顾拜旦这样描述"奥林匹克化"的秘诀："若有人问我奥林匹克化的秘诀，我会对他说：首要条件，是快乐。在人生中，平衡呈现为成果而非目标，它是追求的奖赏而非追求本身。如果人们一味谨小慎微，就不可能收获平衡。它要靠持之以恒的努力进取来实现。那么，我想问，又是什么哺育进取呢？不是快乐又是什么呢？登临绝顶之时，必须看到人生的快乐，让我们快乐起来吧！"[1]顾拜旦认为禁欲主义是肉体与精神敌对的学说，而奥林匹克主义是肉体与精神友好的学说。

19世纪工业文明的兴起，蒸汽机等各种机器的发明和使用不仅在生产技术层面发生根本变革，更深刻影响到当时的社会思想和生活方式。在工业生产专业化所带来的精细分工条件下，人变成附庸机器生产的工具，变得机械而麻木，个性受到压抑，身体遭受折磨。大工业生产引发的"文明病"在城市生活中扩散，都市化的生活方式不仅造成了生态环境的污染和破坏，更使得人们精神紧张焦虑，充满隔阂和孤独感，促使人们将注意力转向人自身，寻求更理想而健康的生活方式。以促进人的发展为宗旨的奥林匹克运动顺应这一时代的召唤，在工业化高潮的推动下得到了发展。

现代社会中人们不健康的生活方式造成了人的片面发展，奥林匹克主义这一将身、心和精神方面的各种品质均衡地结合起来，并使之得到提高的人生哲学，所要建立的生活方式旨在使人全面发展。奥林匹克运动的中心思想就是人的和谐发展，实现人身心和谐的全面发展也是奥林匹克运动的终极目标。

2. 人与社会的和谐发展

奥林匹克运动是在奥林匹克主义指导下的一种国际性的社会运动，其目的并不限于促进这一运动的参加者个人的发展与完善，它还担负着更加重大的历史使命和社会责任，那就是促进不同国家、不同文化

---

[1] 国际皮埃尔·德·顾拜旦委员会. 奥林匹克主义：顾拜旦文选 [M]. 刘汉全，邹丽，等译. 北京：人民体育出版社，2008：135.

之间的了解，从而促进和维护世界和平。正如《奥林匹克宪章》中关于奥林匹克运动宗旨所表述的："通过没有任何歧视、具有奥林匹克精神——以友谊、团结和公平精神互相了解——的体育活动来教育青年，从而为建立一个和平的更美好的世界做出贡献。"

奥林匹克运动致力于人类社会的和平、友谊和进步，从古代奥运会就已开始。古希腊时期各民族无数次在战场上兵戎相见，文化的隔阂、利益的冲突、信仰的差异都成为人们冲突和仇恨的根源。奥林匹克运动力图通过沟通各国人民间的互相了解，在不同民族、不同文化的人之间建立起友谊的桥梁，来促进世界和平，减少战争威胁。顾拜旦在他的著名诗篇《体育颂》中写道："啊，体育，你就是和平！你在各民族间建立愉快的联系。你在有节制、有组织、有技艺的体力较量中产生，使全世界的青年会相互尊重和学习，使不同民族特质成为高尚而和平竞赛的动力。"这充分反映了顾拜旦创立的奥林匹克主义对理想社会的追求，也是奥林匹克运动追求社会正义目标的体现。

奥林匹克运动的主体是人，社会发展的主体也是人，奥林匹克运动不仅发展人的肉体和精神的本身，更是从感知、态度上促进人的社会交往，实现人的社会化，使人与社会的关系得到协调有序的发展。和谐的社会也是一个尊重人的尊严的社会，通过体育运动促进人与社会的和谐发展也是以人的和谐发展为中心的奥林匹克运动的重要理念。奥林匹克运动的使命即"促进体育和奥林匹克在社会中的价值"。

3. 人与自然的和谐发展

奥林匹克运动的宗旨是为建立一个和平的更美好的世界做出贡献。这种致力于人类社会的和平、友谊和进步的思想，与保护环境以实现人与自然和谐发展的思想不谋而合。人与自然和谐发展是奥林匹克运动生存发展的必要条件，符合奥林匹克运动发展的自身规律，也是其一直倡导的理念。

　　工业文明背景下的现代奥运会与生态环境产生的现实冲突随着比赛规模的扩大，备受社会的关注。这种冲突不但影响和制约着体育运动的和谐发展，而且还在破坏着人与自然之间的和谐关系，并时刻冲击着体育促进人与自然和谐发展的功能和理念。在这一背景下，国际奥委会开始意识到奥运与环境需要形成新的关系，不能只是被动地在环境保护主义者的抗议下做出一些反应，而应主动地为环境保护和改善做出自己的努力。①

　　人与自然的和谐发展一方面在于自然为人类的生存发展提供条件，自然的发展有利于并促进人的发展，另一方面人与自然的和谐发展是由人来确定并推动的动态过程，人的发展又有利于自然的发展，因此人与自然的和谐发展是人的发展的条件和目标。而奥林匹克运动也离不开人对自然的利用和改造，人与自然和谐发展的理念符合奥林匹克主义以人的发展为取向。随着人类环境意识的觉醒，奥林匹克主义随即延伸至人与自然环境之间的关系，强调自然生态的保护，以促进人与自然的和谐发展。

　　实现人身心和谐的全面发展是奥林匹克运动的终极目标，这就需要一个和平、友谊、进步的环境来为人的发展提供保障。奥林匹克运动对环境的关注是人文主义在人与自然关系上的体现，在奥林匹克运动中纳入人与自然和谐发展的观念，是奥林匹克运动发展的必然选择。奥林匹克主义通过奥林匹克运动来启迪人们对与自然关系的反思，倡导人与自然和谐相处，本质上也是对人的和谐发展的促进。

---

① 何振梁.1980年以来国际奥林匹克运动的发展和当前面临的问题[M]//任海，达科期塔，米拉加娅，等.奥林匹克研究读本.北京：北京体育大学出版社，2009：25-44.

（二）以人的全面发展为旨归的可持续城市

城市体现着人类共同的利益和价值取向，城市可持续发展无论是直接指向人与自然的关系还是间接深入地指向人与人的关系，从根本上看都是人的问题，不仅因人而起、关乎人的发展，还需要通过人的发展来解决。人的价值、人的生活方式以及人的全面发展都与可持续城市密切相关。

1. 可持续城市与人的价值

《增长的极限》一书在剖析环境资源危机及其原因后深刻地指出："人必须探究他自己——他的目标和价值——就像他们力求改变这个世界一样。献身于这两项任务必然是无止境的。因此，问题的关键不仅在于人类是否会生存，更重要的问题在于人类能否避免在陷入毫无价值的状态中生存。"

"城，所以盛民也。"早在2000多年前，东汉文字学家许慎就曾解释过，民乃城之本。作为人类建造的人工环境，城市营造着人们生活、生产的活动空间，人与城市的关系就是人在认识与改造城市中构建的。人赋予了城市历史和价值，可以说城市发展的本质根源在于人。而可持续发展的"布伦特兰定义"中"既满足当代人的需要，又不对后代人满足其需要的能力构成危害的发展"[1]也明确了人是发展的主体。可持续城市致力于人与城市关系、人与社会关系全面协调，并在城市发展中体现人的价值。

可持续城市的核心是人，人是可持续城市的主体。可持续城市是人的城市，是为了满足人的生存与发展需要存在的，离开人的城市，是难以实现可持续发展的。人又是可持续城市的动力。美国经济学家

---

[1] 世界环境与发展委员会.我们共同的未来[M].王之佳，柯金良，等译.长春：吉林人民出版社，1997：52.

舒尔茨曾表示，决定国家经济和贫富差别的是人的能力，而不是物质资本的悬殊。城市必须充分依靠人在城市可持续发展建设中发挥的积极作用。同时，人也是可持续城市发展的最终目的。城市的发展是为了满足人的需要，体现人的价值，促进人的全面发展。衡量一个城市发展的水平不能光看经济增长的冰冷数据，更要看到城市能不能解决人的问题。

人的需要应放在城市建设中的首要位置，并将此作为可持续发展的立意和目标。与环境、经济、文化相关的衣食住行、生老病死、安居乐业都是人的具体需要，是可持续城市发展和建设的关键所在。城市建设不能只见"物"不见"人"，城市在提供充足的基础设施等"量"的积累之外，还需要在优质公众服务等方面实现"质"的提升，更要关注人的切身利益、服务人的各种需要，实现人的理想，促进人的全面发展，培育城市的人文关怀，才符合可持续发展的趋势。所以，可持续城市应当将民众的诉求作为城市发展的目的，将民众的愿景充分考虑进城市发展的规划之中，为民众服务，将城市打造成充满人文关怀的生活乐园。

2. 可持续城市与生活方式

美国学者宾克莱在《理想的冲突——西方社会中变化着的价值观念》这一著作中提出，生活方式是一个回答人们应该"如何生活"的概念。工业化和现代化的进程以一种非常深刻的方式重构了人们的生活方式，使人们从传统农耕文化的生活方式向现代化的城市生活方式转变，从生活条件、社会结构和文化价值观念上所决定的生活方式之态规定性体现在城市居民的生活活动和行为方式中。[1]

---

[1] 王雅林，董鸿扬. 构建生活美：中外城市生活方式比较［M］. 南京：东南大学出版社，2003：3–5.

城市是一个生活场所，一个生存空间，与人的生活世界相关联。城市有人类社会活动积淀所形成的文化产物，不同群体间的彼此互动构成了城市社会网络。城市当中个体生产、生活方式，从根本上决定着城市对外界资源的消耗程度以及城市自身的可持续性水平。①

在传统发展观指导的城市生活中，人们常常把"生活水平"与"生活方式"二者的概念混淆，尤其是在20世纪90年代初，GDP价值取向与市场自由主义盛行，拜金主义、享乐主义、消费主义、金钱至上主义充斥在社会的每一个角落。这种片面的、短视的，没有灵魂和意义的"物化生活方式"成为长期困扰城市生活方式变革的具体体现。因此，可持续城市的发展需要人们对消费、生态、环境的态度、行为及活动进行调整，充分考虑自身行为习惯对资源的消耗及环境污染。

可持续城市所追求的生活方式是绿色、健康的可持续生活方式。一方面，可持续生活方式是可持续发展思想在城市生活中的具体体现，崇尚绿色。可持续生活方式既要在城市承载能力的范围内以人的基本需求为出发点，满足当代人生活的需求，又要在生产消耗及生活消费上以不损害后代人的需求和利益为前提，确保后代城市生活的可持续性。另一方面，可持续生活方式又与人类自身的生存健康和生命安全为目标，崇尚健康。可持续生活方式既要在丰富、纷杂城市生活中抵御工具理性发展观对生活方式和生存环境的冲击，维持健康的身心发展，又要在城市建设中形成应对人为的不确定性带来的"生活风险"的能力。

3. 可持续城市与人的全面发展

城市的本质在于人的聚集，人既是城市发展的参与者和组织者，

---

① NEWTON P. Horizon 3 Planning: meshing livability with sustainability [J]. Environment and Planning B: Planning and Design, 2007, 34 (4): 571-575.

又是可持续发展的实践主体，城市的发展，从根本上说是人自身的发展和进步的需求，而不是片面地为了提高物质生活水平和活动效率。城市可持续发展的内在动力源于人的自我完善和发展。可持续城市中人的发展是个人发展与城市发展的统一。

一方面，可持续城市为人的全面发展提供基础。首先，人的发展是通过改造环境的实践活动来实现的。环境的改变与人的活动一致，人在改造环境的同时，也对自身进行了改造，不断地完善和提高了自身的素质。其次，经济发展是人的发展的前提条件和基本途径。在马克思恩格斯看来，"物质生活的生产方式制约着整个社会生活、政治生活和精神生活的过程"[1]。生产力的发展不仅是推动整个社会进步的根本动力，还降低了人们的劳动时间，将人从繁重的生产劳动中解放出来，才能使人拥有充分发展自己爱好、能力和个性的闲暇。同时，人的发展依赖于社会关系的合理化和交往的普遍化。由于人的社会性，个人的发展有赖于他人的发展并给予一定的社会性，社会关系的合理化是人的发展的制度前提。

另一方面，人的全面发展为可持续城市提供动力。首先，人的发展是城市可持续发展的目的。坚持可持续城市以人的全面发展为目的，要求我们在建设和发展城市时必须围绕促进人的发展开展，通过环境、经济、社会三个维度的发展推进人自身的发展。其次，人的全面发展又是可持续城市发展的手段。人类承担着可持续城市发展的使命，并且通过一系列的具体活动来实现先进科学技术的发明及运用、环境生态平衡的维护、经济发展模式的变革以及各种社会意识形态的具体表达。可持续城市的发展目标和人类进阶的理想状态，是人的全面发展，

---

[1] 中共中央马克思恩格斯列宁斯大林著作编译局. 马克思恩格斯选集：第2卷[M]. 北京：人民出版社，1995：32.

因此，人的全面发展很大程度上决定了城市可持续发展的效率。

可持续城市的发展以人的全面和谐发展为理论根据，以人的素质的提高和发挥为实现条件，以代与代之间和同代之间的和谐发展为核心内容，以改善和提高人的生活质量为最终目的，以人的主体意识觉醒为先导。所以，人的发展是城市可持续发展的实质和核心。[①]

二、实践基础：奥运会改革和实践对可持续城市理念的响应

奥林匹克运动可持续发展受困的根源主要在于奥运会影响与主办城市可持续发展的不平衡。而国际奥委会的责任之一，就是要"确保奥运会在可持续发展领域中处于前列，主办城市可以利用奥运会作为可持续发展的催化剂"，因此，国际奥委会采取了一系列措施来保障奥运会与城市的良性发展。奥运会在与主办城市的互动中，也催生了许多促进城市可持续发展的举措。这些可持续发展实践在近百年中不断地适应城市的变化，更随着城市的需求不断补充、更新，形成了丰富的经验，为奥运会与可持续城市互动共赢的新模式的提出提供了实践基础。

（一）国际奥委会的可持续发展政策

国际奥委会的首要任务是为人类服务，作为一个国际组织的责任，作为奥运会的主办者、奥林匹克运动的领导者，国际奥委会关注着奥运会相关基础设施和自然场所，以及采购和资源管理、流动性、劳动力和气候等方面的可持续发展。

奥林匹克运动依赖于全球环境，并受全球环境的影响。奥林匹克

---

① 李阎魁."以人为本"，树立城市科学发展观：城市快速发展过程中，建立人的主体性地位的思考[C]//中国城市规划学会.2004年城市规划年会论文集（下）.北京：中国城市规划学会秘书处，2004.

<<< 第四章 奥运会与可持续城市互动的基础

运动有关环境保护和可持续发展的担忧早在1932年普莱西德湖冬奥会就已经出现，由于当时国际社会对环境问题的关注程度并不迫切，在奥林匹克运动中融入环境保护和可持续发展的形式也并未引起人们的重视。随着20世纪六七十年代国际社会对生态破坏、资源危机的警醒，国际奥委会开始意识到环境保护及其对奥林匹克运动发展的重要性。

1974年，国际奥委会就曾提出环保要求，但并未形成完整的环保政策。直到1991年，国际奥委会重新修订了《奥林匹克宪章》，增加"努力使奥运会在确保环境问题受到认真关心的条件下举行"[1]这一条款，这也是国际奥委会首次在官方文件中提出对奥运会环保方面的规范。1992年国际奥委会在巴塞罗那与联合国共同签署了《地球的承诺》（*Earth Pledge*），致力于使地球成为一个安全的地方。阿尔贝维尔冬奥会环境破坏的惨痛教训以及利勒哈默尔冬奥会在环境保护及教育方面的成功，使得国际社会对体育赛事中的环境可持续发展更加关注，一定程度上也促使国际奥委会对奥林匹克运动在环境保护及可持续发展方面加倍重视。

1994年百年奥运大会讨论的主题之一就是体育和环境，并呼吁奥林匹克运动与环境组织合作，促进体育领域及青少年在生态可持续发展方面的教育，国际奥委会更是将环境列为奥林匹克运动的"三大支柱"之一，与体育、文化并列，同年国际奥委会还和环境规划署签订合作协议，共同促进全球环境的保护。[2] 1995年国际奥委会成立体育与环境委员会，为环境治理和可持续发展方面的进展提供建议。1996年国际奥委会修订的《奥林匹克宪章》在第二则（国际奥委会的作用）

---

[1] 国际奥林匹克委员会.奥林匹克宪章1991[M].詹雷,译.北京:奥林匹克出版社,1991:2.
[2] IOC Commission for Sport and Environment. Sustainability Through Sport[EB/OL].（2012-04-10）[2016-11-01].http://www.Olympic.org/Documents/Com-missions_PDF files/Sport And Environment/Sustainability_Through_Sport_2013.pdf.

中加入了以下声明:"国际奥委会确保奥运会是在善待环境的情况下举办,并且鼓励整个奥林匹克运动以一种负责的态度关注环境;国际奥委会将努力在各项赛事和活动中体现这种关注,并且教育与奥林匹克运动相关的每个人认识到可持续发展的重要性。"[①]随后,国际奥委会还将对生态环境的考虑纳入申办城市报告的准备和分析中,对申办城市提出十二方面的环保要求,奥运会融入环保理念成为惯例。1997年国际奥委会发布了《体育与环境手册》,旨在提高奥林匹克大家庭所有成员的意识,强调清洁的环境和可持续发展的重要性,使人们能够在不损害后代的情况下提高生活质量。

在国际社会从环境议题向可持续发展议题关注转向的背景下,国际奥委会响应联合国发起的"可持续发展行动计划",在1999年通过了《奥林匹克运动21世纪议程》,提出以体育促进可持续发展的战略,并强调了奥林匹克运动在环境保护和可持续发展方面的承诺[②],将奥林匹克运动对可持续发展的关注再一次拔高。2000—2001年国际奥委会先后公布了夏季奥运会及冬季奥运会《为环境做冠军》的手册,对奥林匹克大家庭和运动员进行强调环境重要性的教育。[③] 2001年,国际奥委会成立了奥运会研究委员会,以审查奥运会的规模、成本和复杂性,该委员会于2003年7月发布报告声明,需要确保主办城市及其居民留

---

① 国际奥林匹克委员会.奥林匹克宪章[M].詹雷,译.北京:奥林匹克出版社,1991:7.
② IOC. The Olympic Movement's Agenda 21, International Olympic Committee, Lausanne, Switzerland, 1999 [EB/OL]. [2016-11-01]. http://www.olympic.org/documents/Reports/EN/en_report_300.pdf.
③ IOC Commission for Sport and Environment. Sustainability Through Sport [EB/OL]. (2012-04-10) [2016-11-01]. http://www.Olympic.org/Documents/Com-missions _ PDF files/Sport And Environment / Sustainability _Through_Sport_2013.pdf.

下的标志性的遗产。①2005年发布《体育、环境和可持续发展指南》以帮助奥林匹克大家庭实施《奥林匹克运动21世纪议程》的各项建议。②同年发起的《奥林匹克价值观教育计划》倡导以人为中心的奥林匹克价值观体系，包括促进人与自然和谐发展的"环境观"。③2007年国际奥委会因其在促进可持续发展和环境政策方面的领导地位而获得联合国环境规划署"地球奖"的冠军。

2011年在多哈召开的国际奥委会体育与环境会议颁布的"多哈宣言"，倡议国际奥委会和国家奥委会"发展和支持针对青少年的环境和可持续发展教育项目"。④2012年国际标准化组织提出了ISO 20121活动可持续性管理体系认证：2012《活动可持续管理体系要求及使用指南》这一大型活动可持续管理国际标准，伦敦奥运会和里约奥运会先后通过这项认证，国际奥委会成为推动这一标准发展的关键角色。2013年版的《奥林匹克宪章》强调了奥林匹克运动对环境负责的态度，要求奥运会在可持续发展方面做出努力，以促进奥林匹克运动的可持续发展。⑤2014年通过的《奥林匹克2020议程》强调在奥运会的各个方面融入可持续发展，并鼓励奥林匹克运动的所有利益相关者在日常运作

---

① IOC. IOC Sustainability Strategy.［EB/OL］.（2017-10-01）［2017-11-01］.https://www.olympic.org/sustainability.

② IOC Commission for Sport and Environment. Sustainability Through Sport［EB/OL］.（2012-04-10）［2016-11-01］.http://www.Olympic.org/Documents/Com-missions _ PDF files/Sport And Environment / Sustainability _Through_Sport_2013.pdf.

③ IOC.Factsheet Olympic Values Education Programme（OVEP），2014［EB/OL］.［2017-09-30］.https://stillmed.olympic.org/media/Document%20Library/2015/08/12/19/07/20/Olympic-Values-Education-Programme.pdf#_ga=2.74306578.1474596243.1507903646-506476326.1489647637.

④ IOC Commission for Sport and Environment. Sustainability Through Sport［EB/OL］.（2012-04-10）［2016-11-01］.http://www.Olympic.org/Documents/Com-missions _ PDF files/Sport And Environment / Sustainability _Through_Sport_2013.pdf.

⑤ IOC. Olympic Charter, International Olympic Committee, Lausanne, Switzerland, 2013［EB/OL］.［2016-11-01］.http://www.olympic.org/ documents/olympic_charter_en.pdf.

中包含可持续性，成为奥林匹克运动改革的新动向，并在候选城市的申办条件中强化对环境、可持续性及资源的重视程度，并将在其他外部组织的支持下，确保赛后对奥运遗产的监控。2015年9月，联合国可持续发展峰会正式通过了《2030年可持续发展议程》，该议程明确了17个可持续发展目标和169个具体目标，描绘了未来全球可持续发展蓝图并为全球可持续发展治理提供了指导方针。[①] 2016年，国际奥委会出台了《可持续发展战略》，从体育设施的设计和建设、管理资源的方式、自然环境和健康、福利的评价等方面强调可持续性原则，提出"国际奥委会要确保奥运会在可持续发展方面处于最前沿，主办城市可以利用奥运会作为促进其可持续发展的催化剂"的观点。

（二）国际奥委会新改革对可持续城市理念的响应

1.《奥林匹克2020议程》

2014年12月8日国际奥委会第127次全会通过了《奥林匹克2020议程》（以下简称《2020议程》），国际奥委会将其视为一个转折点，在体育和环境委员会基础上组建可持续和遗产委员会，制定了奥林匹克运动发展的战略路线（见图4-1）。《2020议程》聚焦可持续发展、公信力及青少年三大主题，其中"可持续发展"作为《2020议程》的核心主题，着眼于奥林匹克运动的未来。

---

① 孙葆丽，沈鹤军，王月，等.奥林匹克运动可持续发展深化改革研究［J］.天津体育学院学报，2020，35（1）：1-6.

<<< 第四章 奥运会与可持续城市互动的基础

图4-1 《奥林匹克2020议程》封面

图片来源：国际奥委会官方网站。

《2020议程》将可持续性融入奥林匹克运动日常活动当中。国际奥委会将在可持续发展方面发挥带头作用，以确保可持续理念体现在奥运会规划和举办工作的方方面面。当前奥运会超大规模、极高标准的赛事级别使得所要依托的资源和设施的需求量巨大，难以为一般城市所承受。近几十年以来奥运会的膨胀更使得主办城市聚焦于奥运会的支撑平台，而非奥运会本身，赛后闲置场馆设施的维护和运营更成为主办城市的负担。第九任国际奥委会主席托马斯·巴赫上任以来，在延续上任主席雅克·罗格坚持改革奥运会申办筹办程序、控制规模、降低成本等基础上，将可持续置于奥林匹克运动发展蓝图和愿景的首要地位。《2020议程》着眼于奥林匹克运动独特地位与主办城市可持续发展的平衡，启动了新的方式来处理申办问题，改变申办程序，更多地关注奥运会对主办城市的长期遗产。

《2020议程》的40条改革建议中，确保奥运会可持续性主题的建议约占40条建议数量的1/3，更加凸显了《2020议程》改革对于可持续发展的重视。其中，第一条建议就是将奥运会的申办制改为邀请制，即奥运会的申办由城市主动提出申办请求改为国际奥委会对潜在的申办城市发出邀请，在这种前提下，有潜力的候选城市在决定申办前可结合自身发展规划，与国际奥委会讨论具体承办方式，而不是被动接受国际奥委会的相关要求。此举给奥运会申办工作带来更多的灵活性，并让国家和城市有机会与国际奥委会以"伙伴关系"共同努力，根据城市自身发展需要和条件量身打造奥运会计划。[①] 该建议不仅符合国际社会的可持续发展战略，还彰显出奥运会弘扬体育精神的举办目的。

出于可持续性的考虑，议程打破"一个城市一届奥运"的原则，允许奥运比赛在主办城市以外的城市或者国家举行，以联合申办的方式降低单个申办城市的成本，更大程度地利用现有的资源举办比赛，也使得那些本可能无法单独承办比赛的城市有了申办的机会，更有可能使它们借助举办奥运会的契机促进城市自身的发展。这一改革有可能促使奥运会影响与主办城市"可持续发展"实现新平衡。[②]

针对奥运会主办权的城市归属问题，国际奥委会着眼于可持续性和奥运遗产保护，要求对申办城市进行包括经济、社会、环境方面的风险和机遇评估，并联合第三方组织独立评估奥运会的环境风险，并且要求对奥运会承办与运营费用的预算做出更具体的区分。《2020议程》提出降低办赛成本的节俭办奥思想，积极推动现有设施的最大化利用，鼓励城市灵活利用现有场馆和临时性场馆，以实现场馆可持续性。同时在城市间实现申办经验和知识的可持续传递。国际奥委会鼓励潜在的候选城市展示一个尊重环境、可行性和发展的整体概念，留下持久的遗产。国际奥委会还将通过国家（地区）奥委会以及国际奥林匹克

[①] 北京奥林匹克公园管理委员会.北京奥林匹克公园体育产业影响力及指数研究（2008—2015）[M].北京：北京体育大学出版社，2017：10-19.

[②] 任海.《奥林匹克2020议程》：寻求理想与现实之间新的平衡[M]//任海，达科斯塔，米拉加娅，等.奥林匹克研究读本·第二卷.北京：北京体育大学出版社，2016：20-41.

城市联盟（UMVO）等外部组织，确保在奥运会后对奥运会遗产进行监控。[①]《2020议程》改革可以说是推动奥林匹克运动与主办城市可持续发展的有效改革方案。

2.《奥林匹克2020议程：奥运会新规范》

为了彰显奥运会改革在整个《奥林匹克2020议程》中的中心地位，2018年国际奥委会推出《奥林匹克2020议程：奥运会新规范》（以下简称《奥运会新规范》），围绕重新设计奥运会申办流程，制定奥运会《遗产战略方针》、细化奥运会筹办三个主题，提出了七年性的周期任务和118条改革措施。[②]《奥运会新规范》侧重于奥运申办、遗产和赛事交付，其主要目的是"降低各方面的成本、简化赛事的复杂性、增加组织间沟通、引入专业第三方合作机构"，最终目的是使奥运会成为"可承受、有益、可持续"（Affodable、Beneficial、Sustainable）[③]的。

在奥运会申办方面，国际奥委会不仅提出在申办过程中降低成本，还为申办城市及其国家（地区）奥委会提供更大的支持，与候选城市展开持续的公开对话，使其奥运项目不断得到改善。第一阶段的对话为非承诺性，目的是使候选城市能够与国际奥委会及其利益相关方公开和深入地探讨各种选择和机会。在第一阶段，候选城市不需要提交正式的提案和保证。第二阶段是一个更短的阶段，目的是希望奥运申办候选城市区域和国家发展的长期目标相一致。在这个阶段，候选城市需要提供有关组织和交付的细节。

在奥运会遗产方面，《奥运会新规范》围绕四个目标，提出了八方

---

① 王润斌，李慧林，任振朋，等.国际奥委会通论［M］.福州：福建教育出版社，2022：326-332.

② IOC.NEW NORM［EB/OL］.国际奥委会官方网站，2023-03-25.

③ 郇昌店，易剑东.奥运会"New Norm"解析与北京冬奥会筹办策略［J］.上海体育学院学报，2019，43（1）：24.

面的改革措施，将遗产概念嵌入整个奥运会的生命周期，在考量候选城市过程中就纳入关于遗产问题的讨论，主办城市确定后，其遗产的愿景和目标即成为奥运会管理、协调和决策过程的重要组成部分。国际奥委会还将加强与世界奥林匹克城市联盟的战略伙伴关系，以分享和促进举办奥运会的全方位长期利益。①

在奥运会交付方面，国际奥委会提出了100条改革措施，涉及赛会治理、赛会要求和支持组织者三方面，以降低整体交付模式的成本和复杂性，更好地管理利益相关方的风险和责任，提高奥运会的灵活性、效率和可持续性，增强奥运会和残奥会的价值主张。

3.《奥林匹克2020+5议程》

在《奥林匹克2020议程》圆满收官之际，为更好地适应"新冠疫情"影响下变化中的世界，国际奥委会准确研判后疫情时代体育世界面临的风险与挑战，对进一步加强和改进体育世界的风险应对和改革实践提出指导性意见。② 2021年3月12日，国际奥委会第137次全会一致通过了奥林匹克运动新战略路线图——《奥林匹克2020+5议程》（见图4-2）③，在《奥林匹克2020议程》的基础上围绕趋势展开顶层设计，坚持理念先行和政策引导，前瞻性地提出了坚守团结理念、融入数字化世界、实现可持续发展、提升公信力、增强经济与金融韧性五大变革趋势，作为奥林匹克运动面向2025年的发展方向。《奥林匹克2020+5议程》在深化和拓展《奥林匹克2020议程》关于可持续发展改革的基础上，推动奥林匹克运动可持续性走向纵深改革。

---

① 王润斌，李慧林，任振朋，等.国际奥委会通论［M］.福州：福建教育出版社，2022：344-345.

② 王润斌，李慧林，任振朋，等.国际奥委会通论［M］.福州：福建教育出版社，2022：353.

③ IOC.Olympic Agenda 2020+5：15 Recommendations［EB/OL］.国际奥委会官方网站，2023-03-25.

<<< 第四章　奥运会与可持续城市互动的基础

图4-2　《奥林匹克2020+5议程》封面

图片来源：国际奥委会官方网站。

实现可持续发展是当今世界政治、经济与社会发展的重大议题，联合国大会于2015年9月25日通过了《2030年可持续发展议程》，习近平总书记在第23届圣彼得堡国际经济论坛全会上提出了可持续发展是破解当前全球性问题的"金钥匙"的深刻论断。[1] 国际奥委会是《2030年可持续发展议程》的忠实践行者，奥林匹克运动可持续发展理念与实践高度契合《2030年可持续发展议程》，并在实现全球可持续发展目标过程中发挥了越来越重要的作用。[2] "新冠疫情"无疑加剧了联合国推进可持续发展目标的压力，《奥林匹克2020+5议程》坚持以《2030年可持续发展议程》为目标引领，提出了"加强体育作为实现联合国可持续发展目标的重要推动者的作用"的改革建议，这是对《奥林匹克2020议程》第4条、第5条可持续性建议的延续、扩展与

---

[1] 习近平. 坚持可持续发展　共创繁荣美好世界：在第二十三届圣彼得堡国际经济论坛全会上的致辞[N]. 人民日报，2019-06-08（2）.

[2] 孙葆丽，沈鹤军，王月，等. 奥林匹克运动可持续发展深化改革研究[J]. 天津体育学院学报，2020，35（1）：1-6.

深化。国际奥委会这样定义可持续发展："在做出决策时，应确保可行性，力求在经济、社会和环境领域最大限度地发挥积极影响。"[1] 国际奥委会准确研判"新冠疫情"危机造成的全球发展失衡因素，将身心健康、平等、包容、团结与合作列为后疫情时代推进奥林匹克运动可持续发展的重点领域，从《奥林匹克2020议程》提出奥林匹克运动可持续性的"一般性"（纳入奥运会方方面面）和"代表性"（纳入奥林匹克运动日常运作）原则，走向《奥林匹克2020+5议程》的纵深改革和精准施策阶段。

《奥林匹克2020+5议程》为支持社区变革的可持续发展目标与联合国可持续发展目标高度契合，致力于为实现联合国可持续发展目标做出更大的贡献，这些重点目标领域分别为联合国可持续发展目标3（具体指标3.4）、4（4.4、4.5）、5（5.1、5.2、5.5）、8（8.3、8.6）、10（10.3）、11（11.7）、12（12.5）、13（13.2）、16（16.2、16.7）、17（17.3、17.14、17.16），涉及可持续发展的主题为良好的健康与福祉、优质教育、性别平等、体面工作与经济增长、减少国家内部和国家之间的不平等、可持续的城市与社区、可持续的消费和生产模式、应对气候变化、和平与公正且可持续的机构、目标伙伴关系。国际奥委会直面可持续发展的变革趋势：一方面是促进奥林匹克运动摆脱"新冠疫情"危机影响的发展需要，借此得以保持奥运会赛事体系的核心竞争力，以及作为世界综合性赛事的龙头地位；另一方面是回应后疫情时代全球可持续发展面临严峻挑战这一紧迫形势，发挥奥林匹克运动的独特优势，为实现联合国可持续发展目标做出更大的贡献。

---

[1] IOC.Olympic Agenda 2020+5：15 Recommendations［EB/OL］. 国家奥委会官方网站，2023-03-25.

(三)奥运会可持续发展计划的实践

早在1932年普莱西德湖冬奥会时,组委会就已经注意到了潜在的环境破坏,并采取相应的措施保护环境。20世纪70年代受到国际社会环境意识传播的影响,丹佛和温哥华受到来自环境方面的压力,先后退出了奥运会的主办和申办,而慕尼黑和蒙特利尔在举办奥运会时采取了环境保护的一些措施,但受制于时代的局限,当时的环保行为的目的性并不强烈,环保效果也不明显。当时国际奥林匹克运动对环境问题的关注程度也并不迫切,尚未形成可持续发展观念,处于可持续发展的懵懂阶段。

具体的城市可持续发展措施要从1980年莫斯科奥运会开始,这一阶段随着工业化和现代化对生态环境的破坏,人们的环境保护意识逐渐觉醒,在奥运会中也开始出现可持续发展理念的萌芽,但由于可持续观念并未确认和推广,因此这一理念的萌芽也并未引起各奥运会主办国的重视。1984年洛杉矶奥运会开启的商业化模式在摆脱奥林匹克运动财务危机的同时,日益扩大的赛事规模、盲目的设施建设以及奢侈化的比赛接待又使得奥运会陷入新的可持续发展危机,不仅加大了资源的损耗,还对环境造成了污染和破坏。1992年的阿尔贝维尔冬奥会,为了场馆设施的建设毁掉30多公顷森林、开挖了7000立方米的泥土,造成当地严重的生态危机,也为奥林匹克运动的可持续发展敲响了警钟。在此之前,国际奥委会并没有出台系统的环境保护及可持续发展政策,也没有成立专门的环境保护组织或对主办城市提出环境和可持续发展要求,因此这一阶段奥林匹克运动的环境观念和措施实际上滞后于国际社会,奥运会举办造成的环境破坏受到了媒体和环境保护组织的广泛质疑,已经影响到了奥运会自身的可持续发展。这一时期的可持续发展计划处于可持续发展意识的启蒙以及实践的探索阶段。

在吸取阿尔贝维尔教训的基础上，1994年利勒哈默尔冬奥会作为"绿色奥运"的标杆开启了奥运会环境保护与可持续发展的示范，国际奥委会也意识到可持续保护的重要性和必要性，出台了一些关于奥运会可持续发展的政策和文件，而后，各奥组委纷纷通过不同方式多方面开展可持续发展计划。尽管也有奥组委把可持续发展这一"规定动作"当作一项任务完成，并未发挥足够的主观能动性去推动可持续发展计划的实施，但2000年的悉尼奥运会和2008年北京奥运会都狠打"绿色奥运"牌，从申办奥运会到筹办、举办奥运会的每一个环节都努力融入环保理念，把节能减排、保护生态环境等内容体现得淋漓尽致。这一时期奥林匹克运动对于可持续发展的理解仍局限在自然生态、资源环境保护的层面，因此，在指定奥运会可持续发展计划的时候针对的领域也较为局限，但人们的环保和可持续意识得到了积极的强化，奥运可持续发展计划也在这一阶段蓬勃发展。

随着可持续发展理念的进一步扩展和深化，奥运可持续发展计划多样化的主题也从2010年温哥华冬奥会开始明确，奥运会可持续发展计划的外延和内涵也越来越丰富。包括平等、尊重以及责任在内的社会生态平衡、多元文化的融合、利益相关者的可持续管理、遗产的可持续利用等，都成为奥运会可持续发展的重要内容。温哥华组委会为各大型体育赛事的组织创建了一个可持续性治理模式，它还设计了一个综合的可持续性管理和报告系统（SMRS），以促进组织范围、跨职能的责任和公共责任，以履行可持续性承诺和目标。2012年伦敦奥运会对青年一代形成健康生活方式的期盼为奥林匹克可持续发展生活方式的培养做出了表率。2014年索契冬奥会500亿美元的巨额开支使得国际社会对奥运会铺张浪费的舆论越发严厉，但切实改善了索契的城市环境设施,促进了旅游产业的发展。2016年受经济危机影响的里约奥运会又开启了"节俭奥运"的新模式,直面经济问题,利用有限的成本举办了一届成功的奥运会,使得里约热内卢广受好评。因疫情推迟到2021年举行的2020年东京奥运会有了更大机会展示可持续发展理念,东京奥组委在确立东京奥运会可持续性主题方面重点参考了2015年联合国发布的《2030可持续发展议程》,并结合日本当地可持续发展趋势与众多利益相关方商讨确定了五大可持续性主题,囊括"气候变化""资源管理""自然环境和生物多样性""人权、劳工和公平商业实践""参与、合作与交流"。东京奥运会从超越碳中和、利用氢能助力打造"氢社会"、推广"3Rs"、带动公众参与可持续实践和基于ISO20121的可持续奥运会管理等方面体现迈向零碳、零废弃的可持续目标。2022年北京冬奥会作为第一届全过程落实《奥林匹克2020议程》可持续性要求的奥运会,创新形成了可操作、可推广、可借鉴的大型活动可持续性管理"北京模式",于2020年5月发布了《北京2022年冬奥会和冬残奥会可持续性计划》,提出12项行动、37项任务和119条措施,从全过程实现"碳中和"、使用二氧化碳制冷剂、100%使用绿色电力、场馆赛后利用率100%等方面将可持续发展贯穿于北京冬奥会和冬残奥会赛事筹办全过程。可持续发展计划的内容也从自然生态领域转向社会生态以及绿色经济领域,形成了兼容并包的局面。

根据以上分析,本书把奥运会可持续发展计划划分为懵懂无为、启蒙探索、蓬勃发展、全面兼容、创新改革五个阶段,并对不同发展阶段的特点以及具体的表现进行归纳总结(见表4-1)。

表4-1 奥运会可持续发展计划的阶段划分及特点[1]

阶段划分	阶段特点	具体表现
懵懂无为阶段（1932—1976）	可持续发展意识尚未形成，对环境保护的认识不清晰，目的性不强	1. 注意到潜在环境破坏，并采取措施。如1932年普莱西德湖冬奥会在赛场建设时考虑到环境因素而修改建设方案。 2. 提升环境意识。1972年慕尼黑奥运会提出"健康环境中健康的比赛"，并组织各国代表在奥林匹克公园种植灌木。1976年蒙特利尔奥运会给每位参赛者一棵枫树苗带回种植。 3. 开启了奥运城市建设规划的模式。1960年东京对城市港口、交通、供水系统等进行了全方位改造。1968年墨西哥在设计阶段就将奥运村作为未来的居民区进行规划
启蒙探索阶段（1980—1992）	未形成独立的可持续发展的计划或行动，但已显现出可持续发展意识的萌发，环境保护的意识和行为增强	1. 考虑到比赛相关建筑的长期使用及对城市环境的影响。1980年莫斯科奥组委强调不能因为举办一届奥运会而破坏城市风貌，力图使比赛场馆和配套设施与城市建筑相协调。同年普莱西德湖冬奥会采用临时建筑降低对环境的破坏，并在规划永久性设施时考虑到了后期使用的因素。1988年卡尔加里冬奥会在赛后将赛道改造为供游客使用的室内雪道。 2. 通过美化城市环境的计划治理城市环境，并向公众传递环保意识。如1984年洛杉矶"美丽的洛杉矶"计划。1988年汉城（今首尔）"美化城市计划"，采取一系列针对大气、水源的综合治理环境的措施。同年卡尔加里冬奥会通过环境管理计划降低当地土著居民对环境问题的担忧。1992年巴塞罗那奥运会将环境更新作为城市发展计划的核心。同年阿尔贝维尔冬奥会制定了改善环境和地貌的政策。 3. 通过主题活动宣传环保。如1988年卡尔加里冬奥会上全面禁烟，1992年巴塞罗那"亲爱的地球"艺术展览。 4. 打造公共体育空间以推广健康生活方式。如1992年巴塞罗那对人行道的扩容以鼓励市民利用街道运动

---

[1] 除特别标注外，内容均来源于各届奥运会官方报告。

续表

阶段划分	阶段特点	具体表现
蓬勃发展阶段（1994—2004）	设置专门的环境保护计划，对可持续发展的认识大多仍局限在环境、生态领域	1. 强化举办奥运会与城市发展一致的目的。 2. 设立专门的环境及可持续计划对工作人员、媒体记者、青少年、普通民众进行可持续发展行为的规范。如1998年长野"爱与参与"、2000年悉尼"绿色奥运"等。 3. 在场馆建设和赛事运行中遵循绿色理念。1996年亚特兰大建设了当时世界上最大的屋顶太阳能系统和节能环保的水上中心。2000年悉尼在能量循环及新能源开发、水资源重复利用，避免资源浪费，废弃物处理回收以及自然、文化景观保护上做出了贡献。2004年雅典对供应商提供的产品提出环保要求。 4. 利用学校教育普及环境及可持续发展观念。1994年利勒哈默尔利用奥运会材料对75所学校的学生进行环境教育。2002年盐湖城通过青年教育项目，组织在校学生参加植树、回收垃圾等环境保护活动。 5. 开展多种形式的环保主题宣传活动。1996年亚特兰大开展"儿童奥林匹克门票基金计划"宣传环保；1998年长野成立自然保护研究学会，并实施了能源和交通示范项目，持续组织儿童环境大会；2000年悉尼向观众普及"洁净悉尼，人人有责""回收利用第二资源"等环保观念，以悉尼奥林匹克公园作为环境教育的场所，对青少年进行保护生态多样性的教育；2002年盐湖城通过冠军计划向公众推广环保成果；2004年雅典设计了专门的环保标志，并向公众发放环境宣传单以及纪念品
全面兼容阶段（2006—2014）	有明确的可持续发展计划，内容从环境扩展到社会、经济等方面的可持续	1. 将可持续发展主题扩展到环境之外的领域。如2006年都灵和2008年北京可持续发展报告中涉及社会以及经济影响方面的评价；2010年温哥华冬奥会将一般环境主题与治理（责任）、多样性和社会责任等与可持续发展有关的环境主题结合；2012年伦敦奥运会希望通过"激励一代人"计划向青少年传递积极向上的健康生活方式。 2. 可持续发展宣传渠道由平面向多媒体转变。如2010年温哥华设置在线教育项目，并通过动画、电影、游戏等媒介宣传环保。 3. 注重公众参与及多部门合作。如2010年温哥华关注原住民参与，举办土著青年聚会并开设与环境有关的讲习班；2012年伦敦与环保组织"One Planet Living"合作进行名为"One Planet Olympic"的可持续发展计划。如2014年索契分别组织设计方、施工方、投资方及服务公司进行环保竞赛，设立"通往未来"奖项为在冬奥会筹备工作中贯彻可持续发展理念的最佳项目颁发，以激励政府部门、商业、非营利组织等合作伙伴的可持续意识和行动

续表

阶段划分	阶段特点	具体表现
创新改革阶段（2016年至今）	在奥运会的所有方面体现可持续发展，确保奥运会的可持续性	1. 降低奥运会的申办和举办成本。国际奥委会改革奥运会遴选方式，使得2026年冬季奥运会的平均申办预算减少到500万美元，是2022年申办费用的1/7。东京奥运会节省了包括常规总体规划评审、新标准实施下的运行预算、简化和优化等方面的45.8亿美元支出。预计2024年巴黎奥运会95%的场馆将是现有的或临时的，2028年洛杉矶奥运会为规划新的永久性场馆计划，大幅降低举办奥运会的成本。 2. 将奥运会融入城市的长期规划中。东京奥运会利用新的活动赛事使赛事计划更年轻化、更城市化以及更好地促进性别平衡。青奥会成为奥林匹克赛事的创新实验室，正被推广到新的城市，帮助把奥林匹克主义带到新的地区。2026年塞内加尔的达喀尔即将举行的第四届夏季青年奥运将是在非洲大陆举办的第一届奥运会比赛。 3. 积极应对风险挑战。新冠危机引发的全球政治、经济与社会风险因素的加剧，延期举办的2020年东京提出"体育拥有改变世界和未来的力量"的赛事愿景。确定了五大可持续性主题，囊括"气候变化""资源管理""自然环境和生物多样性""人权、劳工和公平商业实践""参与、合作与交流"。2022北京冬奥会以"一起向未来"为主题口号，秉承着"绿色、廉洁、开放、共享"的办奥理念

三、小结

奥林匹克运动与可持续城市有着共同的旨归——人的发展。奥林匹克主义是以人的和谐发展为中心的哲学，包含了人自身的和谐发展、人与自然的和谐发展以及人与社会的和谐发展三个维度。可持续城市从人的价值、人的生活方式以及人的全面发展三个层次去推动个人发展与城市发展的统一。在人的发展这一共同旨归下，奥林匹克运动与可持续城市有了理论上结合的可能。

国际奥委会对环境及可持续发展问题一直保持着高度的关注；并

不断拟定、更新政策以确保奥运会在可持续发展方面处于最前沿，希望主办城市可以利用奥运会作为促进其可持续发展的催化剂。在《奥林匹克2020议程》中，更是强化了对可持续城市和遗产方面的要求。历届奥运会出于国际奥委会的要求以及城市自身发展的需要，也采取了多种形式的可持续发展计划，形成了丰富的奥运城市遗产，为奥运会与可持续城市良性发展模式的提出提供了实践基础。

在理论和实践的基础上探索一种奥运会与城市可持续发展的相互关系，是奥运会和主办城市良性互动、共赢发展的前提。

第五章

奥运会与可持续城市互动关系的建立及互动模式的提出

共生于近代城市的现代奥林匹克运动与城市之间两者彼此影响、互相推动。一方面，城市是现代奥运会最重要的活动场所，奥林匹克运动也不断从城市的发展中主动地加以调适，寻求自身的可持续发展；另一方面，各个主办城市也在奥运舞台上寻得发展和奋进的力量，奥运会的举办早已超出了体育本身，成为不少城市现代化历程中的重要里程碑。

奥运会与可持续城市互动关系的建立，目的是在这个基础上探索奥运会与可持续城市互动共赢的新模式，从而推动奥运会与主办城市的可持续发展。这种互动关系包括两个方面，一方面是奥运会对城市可持续发展的促进，另一方面是可持续城市理念对奥运会可持续发展的促进。

一、奥运会对城市可持续发展的促进

顾拜旦曾说过："无论是那些希望通过社会改良以维护长久的社会秩序的人，还是那些试图通过社会革命以新的社会秩序取而代之的人，都不约而同地将城市作为其活动舞台和宣传中心。人们从四面八方涌向城市，希望从那里得到解决各类问题的方案。"[1]奥运会对城市可持

---

[1] 国际皮埃尔·德·顾拜旦委员会.奥林匹克主义：顾拜旦文选[M].刘汉全，邹丽，等译.北京：人民体育出版社，2008：138.

续发展的促进，是通过奥林匹克运动与可持续城市致力于创造美好世界的一致目标，使得它们在解决城市发展问题时形成耦合。奥林匹克运动体育、文化、环境三大支柱与可持续城市可存续环境、绿色经济、和谐社会三大支柱作为两者的核心内涵，对两者关系的形成起着重要的作用。

奥林匹克运动与可持续城市在环境层面上呈现出相似的问题，在解决环境问题的目标上又表现出了一致的取向；奥林匹克文化支柱是可持续发展价值观念转变的桥梁，对于可持续城市绿色经济的达成有着促进的作用。同时，奥林匹克体育支柱又是可持续生活方式引导的主要内容，对于可持续城市和谐社会的实现有着重要的意义。奥林匹克运动三大支柱与可持续城市三大支柱的有机结合，是通过奥林匹克运动解决城市可持续发展问题的有效途径（见图5-1）。

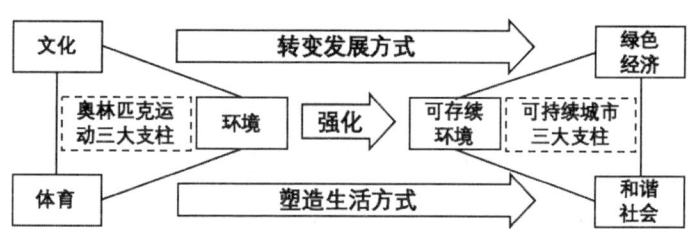

图5-1 可持续城市三大支柱与奥林匹克运动三大支柱的耦合

（一）奥林匹克环境强化可存续环境价值观念

环境是体育，也是奥林匹克运动赖以生存与发展的平台，没有适宜的环境，便没有体育运动，也谈不到体育运动为基本手段的奥林匹克运动。[1]

---

[1] 任海.奥林匹克运动与环境[J].北京体育大学学报，2005（4）：433-434.

人类在利用自然、改造自然的过程中，在获取生产资料的同时也获得了身体活动的能力，在提高生产劳动技能的基础上又将速度、力量等身体素质进行了有意识的培养，体育也在人类改造生存环境的过程中孕育。环境构成了体育实践活动的客观基础，体育的历史、地域、文化、内容、方式都离不开环境的塑造。早期奥林匹克运动受到经济、社会条件的限制，没有专门的体育场馆，但西方体育文化对自然的挑战和征服的渴望使得奥林匹克运动受环境的限制，以及对自然环境的依赖的程度远超其他文化形式。而现代奥林匹克运动在项目设置、赛场建设、设施配备、赛事运行的各个环节，都离不开环境这一平台的有力支持，环境是奥林匹克运动可持续发展的关键要素，致力于创造一个美好世界的奥林匹克运动也与环境理念不谋而合。

1994年，国际奥委会把环境视为奥林匹克运动的三大支柱之一，环境保护这一奥林匹克运动生存发展的必要条件，不仅符合奥林匹克运动发展的自身规律，也是奥林匹克运动一直倡导的理念。20多年来，国际奥委会出台了一系列关于环境的政策文件，历届奥运会也在环境保护领域采取了相应的措施，在全球范围做出了环境保护的榜样示范，唤起了公众的环境保护意识。

然而，奥林匹克运动在工业发展以及过度商业化的侵蚀下，在适应环境、利用环境、改造环境的过程中出现了自觉或不自觉的破坏现象。奥运会作为世界上影响力最大的体育盛会，办赛期间全球有数百万人来到奥运城市，17天在交通、住宿和场馆内基础建设等方面的使用将对城市环境造成极大的影响。求大求全的赛事规模使得赛场建设变得盲目，大兴土木消耗大量的资源，机械作业造成难以修复的生态破坏，区域景观空间结构的变化，将会影响生态系统功能和稳定性的发挥；高强度的赛事运行造成的能源浪费，人群的大量聚集带来过

<<< 第五章 奥运会与可持续城市互动关系的建立及互动模式的提出

量的废弃物排放,而远离城市中心的赛场也给赛事交通、运输系统带来沉重负担;赛后场馆闲置和后期维护又造成资源再次浪费。随着环境危机在全球范围敲响警钟,人们也深刻认识到环境问题已经对人类的和谐发展、奥林匹克运动的可持续发展等构成了威胁。

环境问题不仅是奥林匹克运动可持续发展的困境之一,也是城市不可持续问题的集中表现。城市发展中对资源、环境的过度开发,以及人们环境及可持续发展意识的欠缺容易引发不可忽视的生态问题,制约城市的自身发展。

而奥林匹克运动致力于环境保护的努力又与城市环境可持续发展的目标相吻合。奥林匹克运动"旨在建立一个和平而更美好的世界"的宗旨在现实中可理解为其环境诉求。近年来多届奥运会都制订了明确的环境保护计划和措施,将奥运会举办和城市环境改善结合在一起,取得了良好的效果。

2006年都灵冬奥会将生态环境保护摆在了重要位置,力求实现人与自然的和谐发展,并在奥运会知识管理和国际奥委会环境政策指导下采取了一系列可持续发展措施,如制定环境标准、加强环境项目管理、进行环境破坏补偿、开展环境宣传教育等,这些与环境保护有关的可持续发展计划在赛后取得了实效。同年联合国环境规划署在体育与环境大会上发表的一项报告称,都灵冬奥会在污水处理、碳排放以及垃圾回收等措施中成效显著,新的污水处理系统使得当地河流水质有效提高,并减轻了赛事用水对居民生产生活的影响;产生的约10万吨碳排放,通过后期在肯尼亚、墨西哥和斯里兰卡的植树和清洁能源项目抵消了70%;赛事产生的垃圾只给当地带来0.2%的额外负担,更使得当地垃圾回收比例较五年前提高了三成以上。都灵开发的环境管理系统第一次在奥运会上获得ISO14001环境管理认证以及欧盟生态管理与审核计划的注册。

通过奥林匹克环境支柱强化城市可持续环境价值观念，尤其是在奥林匹克教育的影响下，人们环境和可持续发展意识的增强、环保行为的提升对于解决主办城市环境问题有着重要的作用，并且借助奥运会的平台将环境教育与环保经验在世界范围辐射传播，对一般城市环境问题的解决也有着积极的示范效应。

索契奥组委将环境教育看作一场"启蒙运动"，在《2014年冬奥会生态计划》中提出利用奥运会作为提高俄罗斯公众生态意识、自觉性和责任感的平台和催化剂[①]，为了促进对环境的负责任态度，提高索契人口的环境意识，执行了包括每年组织奥运会的合作伙伴和志愿者、当地居民和游客，举办大型活动庆祝国际环境节日，设立了针对志愿者和赛事工作人员的"可持续"训练与激励模块，发行英、俄双语电子出版物向公众介绍索契冬奥会环境战略的实施过程，将促进青少年体育和健康的生活方式作为奥林匹克教育内容列入学校教育方案[②]，在索契植物园设立专门的环境教育中心用于国际环境组织和外国环境专家等的研讨会和公开会议等若干奥林匹克环境教育项目，以增进政府部门、商业、非营利组织等合作伙伴以及公众的可持续意识和行动。

奥林匹克运动与可持续城市面临着一致的发展危机——环境，同时二者又以改善环境为共同的发展目标，使得奥林匹克环境支柱与可持续城市可存续环境支柱的重合对于三大支柱的耦合建立了联系的桥梁，达成了基本的共识，在此基础上，奥林匹克文化、体育支柱与可持续城市绿色经济、和谐社会支柱实现了沟通的可能，而奥林匹克运

---

① 中国奥委会市场开发通讯.索契冬奥会生态战略：环境保护与改善取得成果［EB/OL］．中国奥委会官方网站，2010-11-11．

② SOCHI 2014 OFFICIAL REPORT［R］. The Organizing Committee of the XXII Olympic Winter Games and XI Paralympic Winter Games of 2014 in Sochi，2015.

动与可持续城市三大支柱的耦合,又为相互的发展提供了支撑路径。

(二)奥林匹克文化转变绿色经济发展方式

美国人类学家普洛格和贝茨提出,文化是一种适应方式。[①]文化体现着人的本质、能力与活动,是自觉自为"人化"过程的积淀,是人的生存方式[②],是人类适应自然、改造自然的结果。现实生活中,城市规划以及评价体系的经济指向尤为强烈,严重缺乏人文关怀,城市成为经济发展的载体而非居民的宜居之地,文化特色缺失。文化作为一种价值体系和一种资源,是解决城市发展问题的新途径。[③]当文化引导的价值观与可持续发展理念存在矛盾时,就需要人类对价值观进行积极的调整,在可持续发展的基础上实现更大的文化价值。文化价值的重构对于转变人们的价值观念、促进生产方式和消费方式的可持续、促进经济的发展,至关重要。

城市社会生产活动与消费行为的调整对于减少城市地区人类活动对外部资源环境的影响有着重要的作用。可持续城市绿色经济所倡导的生产方式和消费方式是绿色环保、可持续的。然而在消费主义引导下,人们的物质需要无限膨胀,为了攀比和虚荣过度消费,消费的需要促进了生产,这种消费和生产往往以严重污染生态环境为代价,而生产的高度发达又带动了消费,形成恶性循环,制约城市经济的绿色发展。传统生产、消费方式引导下的价值观通常把人视为经济动物,把人的发展等同于生活条件的改善和生活水平的提高,割裂了人的身

---

① 普洛格,贝茨.文化演进与人类行为[M].吴爱明,邓勇,译.沈阳:辽宁人民出版社,1998:69.
② 王丹.生态文化与国民生态意识塑造研究[D].北京:北京交通大学,2014:5.
③ 联合国,国际展览局,中华人民共和国住房和城乡建设部,等.上海手册:21世纪城市可持续发展指南·2016[M].北京:商务印书馆,2016:168-169.

心联系，忽视了经济发展过程中对资源、环境的掠夺和破坏。

奥林匹克运动与一般体育竞赛的区别在于它是体育与文化的结合。国际奥委会前主席萨马兰奇甚至说，"文化从一开始就是奥林匹克主义的灵魂"。奥林匹克运动与文化的结合是奥林匹克思想体系的基本立足点。

顾拜旦毕其一生，都主张把体育的发展与文化的深化相结合。按照他的理解，奥运会的内涵应该超越国际锦标赛单纯的竞技意义，这样才能紧紧地向古希腊文化靠拢，彰显其特殊的意义。为此他曾说："跨进新阶段和恢复奥运会原始之美的时刻已经来临。在奥林匹克辉煌的时代，文学艺术与体育珠联璧合，相得益彰，保证了奥林匹克运动会的伟大与崇高，未来也应该如此。"[1]

奥运会为不断更替的年青一代提供了每四年一次展示自我的舞台，成为新的"体现人类本质的文化意识"，因而需要自己独有的文化表现形式。奥林匹克运动标志、圣火、历届会标、吉祥物，都是奥林匹克文化的鲜明象征，奥运会圣火传递、开幕式、闭幕式、颁奖典礼等，又体现了奥林匹克文化独有的仪式传统。奥林匹克场馆建筑、服装展示、文艺表演、文学作品等其他文化形式也成为奥林匹克文化外在的信息载体，同时，奥林匹克运动综合性文化的特点又促进了与之有关的各种文化形式的发展。

顾拜旦还说过："应该将体育看作艺术的创造者。体育产生美，也塑造了运动员这个活生生的雕像。"[2]奥林匹克文化还体现着浓郁的艺术气息，人体形态的美、人的修养情操的陶冶、人与人关系的协调、人

---

[1] 加夫纳.国际奥林匹克委员会一百年：思想、主席、成就：第一卷[M]. 北京奥林匹克文化促进会，译. 北京：奥林匹克出版社.1998：103.

[2] 何振梁.奥林匹克运动中的文化与教育[J].体育文史，2000（5）：4-7.

与环境关系的和谐，都是奥林匹克运动力求创造和展示的美的形式。奥林匹克文化力图从不同角度和层次去挖掘、展示人类社会中一切美好的事物，反映并推动着人类文明的进步，赋予了美更丰富的内涵。

奥林匹克文化强调将人们被割裂的身心重新结合，促进人的全面发展。从这个角度去理解城市经济的发展，就意味着人们需要从身体到心理，以及价值观念的全方位提升；在享受物质生活的同时也要发展精神生活的需要；追求经济价值的同时也不能忽视对自然资源的消耗以及对生态环境的破坏，从而实现城市环境与经济的协调发展。可持续城市发展绿色经济需要"以人为本"的思想作为生产、消费的指导精神，而奥林匹克文化满足人的需要，有助于人的全面发展，有助于协调经济、环境、社会的平衡发展。因此，奥林匹克文化对于引导绿色生产、绿色消费的价值观念，对于可持续城市绿色经济的发展有着重要的作用。

奥林匹克文化中崇高的人文价值可以倡导和推广绿色消费，形成节约适度、绿色低碳、文明健康的生活方式和消费模式。奥运会作为当今世界上定期举办的最盛大的文化盛会，二战后冷战格局国际社会的迅速发展，使奥运项目设施越来越多、参赛队伍逐渐庞大、举办成本也迅速增加，凸显出奥运会规模膨胀的"巨人症"问题，从1948年第14届伦敦奥运会的17大项136小项，到1984年在美国洛杉矶举办的第23届奥运会共有21个大项和7000名运动员，再到2020年东京奥运会增长至33个大项339个小项，随着项目的不断膨胀和臃肿，致使比赛赛程不断延长，承办国家财政负担加重，让奥运会的承办城市经历严峻的政治、经济、社会等方面的考验，使讲究成本和收益的国家望而却步，"巨人症"问题自20世纪70年代起就开始显露并日益严重，奥运会规模的肆意扩张会导致资源浪费、环境污染问题，影响城市的可持续发展。奥林匹克文化作为奥林匹克主义的核心，是一种哲学和生活方式，对人们的行为趋向、道德升华、心理感受、价值观念、文明导向等许多方面有着巨大的感染力和影响力，对于遏制奥运会日益壮大的规模问题发挥着重要作用。

城市中的人作为主要消费者，代表着整个供应链最终端的需求，城市中人的消费模式和消费偏好则是解除目前非可持续性产业恶性循环的一个重要突破点。[①]奥林匹克文化以卓越、友谊、尊重的核心价值观，间接引导可持续城市经济中消费方式、生产方式向绿色转变，将城市经济中以拜金主义、消费主义文化为主要特征的价值观进行重构。在这一层面上，"卓越"的价值观要求人全面和谐的发展。而人的和谐发展又作为环境和谐、经济发展的起点，推动整个社会的发展。"友谊"的价值观强调人们以博大的胸襟去认识人类赖以生存的环境。在环境的开发和有限资源的利用中注重代内和代与代之间的公平，既满足当代人的需求，又不对后代人满足其自身需求的能力构成危害的发展[②]，抛弃以自我为中心的消费和生产方式，并且在经济增长与环境保护中注重交流和合作，共同建设一个更美好的世界。"尊重"的价值观作为奥运会参与者的基本伦理准则，不仅要求对自己、对他人、对规则的尊重，还要求对环境、对社会的尊重，通过尊重的价值观教育去培养人们在获取经济价值时抱有对资源、环境的敬畏感和责任感。只有将以人为本、因地制宜的观念纳入城市发展计划，文化才能显现出在促

[①] 盛馥来，诸大建.绿色经济：联合国视野中的理论、方法与案例［M］.北京：中国财政经济出版社，2015：174.

[②] 世界环境与发展委员会.我们共同的未来［M］.王之佳，柯金良，等译.长春：吉林人民出版社，1987.

成真正意义上可持续发展的重要作用。[①]

(三) 奥林匹克体育塑造和谐社会生活方式

奥林匹克运动以体育为载体，体育是奥林匹克运动的主要表现形式。奥林匹克运动包含了竞技运动、大众体育，以及与之有关的文化活动。体育运动作为奥林匹克运动沟通的工具，超越了语言和意识形态的文化形态，体育的普适性也成为传递奥运语境的有效工具。

奥运会的活动内容以体育比赛为核心。体育运动丰富的形态和内容以及适宜身、心、群的多种功能，使其具有其他文化形态无法达到的广阔社会基础，不仅满足大众需要，更使得奥林匹克运动举世瞩目，成为社会的焦点。顾拜旦在1927年发表的《致各国青年运动员的一封信》中说："在当今世界，强大的发展潜力和日渐衰退的危险趋势并存。奥林匹克主义可以构成一个培养纯洁思想和耐力与体力的贵族学校，但条件是你们要不断提升你们的体育荣誉感和体育的无私奉献精神，使之堪与机体的勃发相媲美。未来托付给你们了。"[②] 这封信不仅体现了顾拜旦对于体育在塑造人的全面发展中的独特作用，还表达了其对奥林匹克体育理想向全世界扩散的殷切希望。

在顾拜旦的定义下，奥林匹克是一个强烈展示体格文化的概念。这种体格文化一方面建立在勇武的骑士精神之上，即"公平竞争"原则，另一方面则建立在美学原则之上，崇尚美、崇尚优雅。"人们热爱体育运动，要么是因为体育本身，要么是因为体育的教育价值，要么是因为体育是促进人类完善的最有力手段之一。"而奥运会上强调的体

[①] 联合国，国际展览局，中华人民共和国住房和城乡建设部，等.上海手册：21世纪城市可持续发展指南·2016 [M]. 北京：商务印书馆，2016：168-169.

[②] 国际皮埃尔·德·顾拜旦委员会.奥林匹克主义：顾拜旦文选 [M]. 刘汉全，邹丽，等译.北京：人民体育出版社，2008：203.

育参与精神，适用于人生的各个领域——"人生的价值，不在于凯旋，而在于奋斗；人生的精髓，不在于征服，而在于勇敢拼搏"[①]。奥林匹克运动的体育内涵不仅体现在奥运赛场上，更在与奥运相关的一切活动中，使得奥林匹克运动在众多文化形态中独树一帜，洋溢着体育文化特有的活力与朝气。

体育赋予奥林匹克运动特有的身体文化特点，而奥林匹克主义又丰富了体育的内涵。奥林匹克运动以体育运动作为实现其社会功能的手段，提出了包括体育与教育和文化密切结合，"更快、更高、更强"与"重在参与"的辩证关系，团结、友谊与公平竞争的道德观在内的体育思想体系，赋予体育教育价值、文化价值和道德价值，重新开发了体育在政治、经济、社会层面的功能和价值。奥林匹克运动对体育运动的规范化、标准化使得体育突破了民族和地域的限制，走上了国际化发展的道路。通过周期交替举行的冬、夏季奥运会以及青年奥运会，使得体育运动在世界各地广泛传播、蓬勃发展。

在2016年里约热内卢奥运会的开幕式上，各国人民为自己国家的运动员走进奥林匹克体育场欢呼时，观众们也会看到一个与以往不同的场景，在奥林匹克旗帜的引领下，首支奥运难民代表团，即完全由难民组成的运动员队伍自豪地走进会场。奥运难民代表团是为了提高世界人民对全球难民危机的意识，国际奥林匹克委员会（国际奥委会）在2015年第七十届联合国大会（联大）上宣布组建，在这届奥运会上，奥运难民代表团将代表全世界6500万因冲突和战争而背井离乡的难民，与来自206个国家奥林匹克委员会的代表团展开同场竞技，奥运难民代表团是全世界难民的希望，也体现了宽容、团结及和平等普遍价值观，表明奥

---

① 国际皮埃尔·德·顾拜旦委员会.奥林匹克主义：顾拜旦文选[M].刘汉全，邹丽，等译.北京：人民体育出版社，2008：76-77.

林匹克运动的总体目标是通过体育让世界更美好（见图5-2）。

图5-2　2016年国际奥委会难民奥林匹克代表队

图片来源：国际奥委会官方网站。

同时，奥林匹克运动通过体育竞赛和高超的技艺给人们带来欢乐和刺激，以其强大的感召力让人们抛弃偏见、共聚竞技场，为人类社会创造一种公平竞争的、建立一种身心协调发展的和谐社会生活方式。奥林匹克主义的中心思想是人的和谐发展，和谐社会的基础是全面发展的人，奥林匹克运动有益于和谐社会的构建，首先通过体育运动使个人得到和谐发展，随后扩大到整个国际社会，使人类拥有一个和平且美好的世界。奥林匹克运动通过体育在增进相互了解和友谊的精神方面教育青年，从而有助于建立一个更加良好和公平的世界，在推广奥林匹克原则的过程中建立国际友好，通过体育使整个人类都看到自身发展的希望和前途。奥林匹克运动旨在通过没有任何歧视、具有奥林匹克精神——以友谊、团结和公平的精神相互了解——的体育活动来教育青年，从而为建立一个和平的更美好的世界做出贡献。奥林匹克体育支柱也是以体育的教育功能，来引导人的可持续生活方式的塑造，从而实现可持续城市和谐社会的发展。

生活方式的选择受到包括物质条件、文化传统和制度背景在内的社会环境因素影响，最关键的取决于人的素质。奥林匹克运动通过体育满足人的身心需要，促进人的发展，以此来促进生活方式的变革。

青少年因缺乏足够的体育活动而带来的身体素质下降、肥胖、视力下降等状况，严重影响生长发育，中老年缺乏体育活动又会导致免疫力下降、慢性疾病增多、并发症风险增加等状况，严重影响生活质量。体育以齐全的内容，丰富多样的层次和类型，对参与者来说有着广泛的普适性。参与者无论年龄大小、身体强弱、水平高低，都能在体育运动中找到适合自己的项目。通过以定期参加体育活动为主要内容的可持续生活方式的塑造和普及，有益于改善人们因身体活动的缺乏而导致的许多健康问题。

体育运动不仅使人们生活得更积极而有活力，而且还能通过教育传授重要的生活技能和价值观，同时为提高生活质量做出贡献。南美洲的16个国家正在执行着一个名为"Ganar"的青年劳动力发展计划，利用体育的力量帮助年轻人发展他们在就业和生活中需要成功的技能。这个项目以"体育技能是工作技能"为核心，包括沟通、团队合作、纪律、尊重、注重结果和持续的自我提升六个核心技能。通过体育运动的乐趣和激情、生活经验、刺激学习、性别包容等价值观，以及建立积极的联系（信任），加速学习（如阅读和数学），积极的认同和生活规划（自我信念）等隐藏的价值观，使得体育成为改变这一充满暴力和不安全地区年轻人生活的有力工具。体育不仅解决了青年失业和青少年犯罪问题，但更重要的是，教给年轻人找工作所需的技能。[①]

---

① TEEPLE P. A Ganar: Sport as a tool for youth employment[R]. LIMA: 15th IOC World Conference on Sport for All Final Report, 2013: 27.

<<< 第五章　奥运会与可持续城市互动关系的建立及互动模式的提出

　　位于利马的米拉弗洛雷斯（Miraflores）是一个拥有大约10万居民的地区，它一直在利用许多公共空间为自己的"Miraflores"计划"更新自己"。每个周日上午8点至下午1点，该地区中心的街道都关闭，以使人们能够进行体育运动，并促进健康的生活方式。人们最初对该计划的反应有些犹豫，但它已经变得越来越受欢迎，成为一个非常成功的事件。由于与多家合作伙伴包括警方、保障安全以及秘鲁奥委会的合作，该项目的成本接近于零。周日的活动已经成为许多人的日常活动，米拉弗洛雷斯居民健康水平和幸福感都得到了显著提高。①

　　体育不仅对个人有益，而且对社会有益。体育雅俗共赏、不设门槛的特点，对参与者有着广泛的包容性。不管职业如何、受教育程度和收入高低，都能在体育中发现自己独特的爱好。体育公平竞赛的基本原则，使得人们在参与体育的过程中，充分体会和发挥公平、公正、公开的精神，并培养人与人平等交往、培养活动中平等参与意识。人们在体育中习得的平等参与的意识、行为和规范，又会鼓励他们积极参与到和谐社会的建设中来。同时，参与体育的过程，实际上也是参与者实现社会化的过程。体育活动中传递的公平、公正、协作、规范等准则，与和谐社会的行为准则一致，有助于促进社会行为的规范以及社会关系的协调，并在寓教于乐的活动中加深这一认同。人们在体育参与中形成的相互理解、信任与尊重，对于特殊群体的社会融入也有着加速的过程，人们在体育活动中形成的良好关系，有助于增加社区的认同感、社会凝聚力和社会责任感，增进社会和谐。

　　顾拜旦在1919年就提出"所有运动为所有的人"（All sports for all people）这一愿景。如今，奥运会的举办可以成为一个城市可持续生活

---

① MUÑOZ J. Theme 3: Partnerships [R]. LIMA: 15th IOC World Conference on Sport for All Final Report, 2013: 18.

方式改善的催化剂,号召所有公共和私人机构联合起来发起可持续生活方式运动,让群众和社区参与到体育活动中来,体育活动将成为每个人在日常生活中重要的组成部分。运动员可以作为青少年改善缺乏体育活动的生活方式的榜样。通过教育,实现体育对可持续城市和谐社会生活方式的塑造。

二、可持续城市理念促进奥运会可持续发展

主办城市的可持续发展是奥运会得以继续开展的重要前提,城市的环境规划、产业经济以及社会生活能否通过举办奥运会的契机得到提升,同时最大程度地规避负面影响是城市是否申办奥运会的考虑因素。可持续城市对奥运会可持续发展的促进需要落实在主办城市的可持续发展上,通过可存续环境、绿色经济、和谐社会三大支柱引领城市奥运环境规划、产业经济以及生活方式的建设,促进奥运会的可持续发展(见图5-3)。

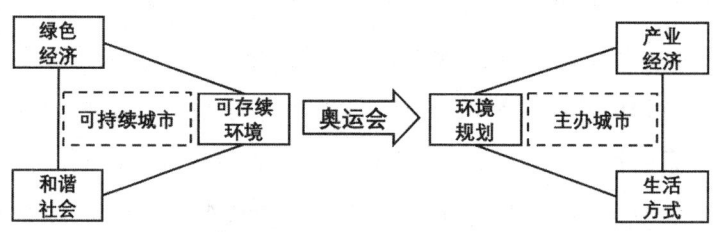

图5-3 可持续城市三大支柱对奥运会主办城市发展的促进

(一)可存续环境理念引领主办城市环境规划

奥运会对主办城市的环境规划的影响主要体现在赛场建设、赛事运营以及设施的赛后利用的全过程,可能造成资源消耗、生态破坏、环境污染等压力转嫁到城市环境中,并对城市整体的规划、布局产生

重要影响,其至可能使得城市经济、社会发展受到限制。

2014年冬奥会举办地索契本是一个以亚热带旅游业为主要产业的小城市,从未举办过国际赛事的索契现有场馆设备极其有限。冬奥会的举办使得整个城市需要新建85%的基础设施,而在新建全部424项工程中,只有13项直接用于赛事。这一工程相当于将整个城市重建,不仅耗费过量的资源、资金以及人力,大兴土木造成的环境污染和生态破坏也使城市承受巨大的压力。而赛后这座人口仅37万人的小城也面临着场馆闲置带来的高昂维护费用和资源的浪费,制约城市产业、经济的发展。

可存续环境理念不仅要使城市中人与环境和谐相处,更要重视城市自身环境的可持续发展。因此,在涉及与环境相关的设施规划中,需要考虑到城市的环境成本,以及环境规划的长远发展。奥运会从筹办阶段开始就与城市的市政规划、生态功能等环境目标结合在一起,利用奥运建设的契机对城市环境、设施进行改善和重新调整,是许多城市的申奥理念之一。可存续环境理念对奥运会可持续发展的促进,主要体现在引导奥运会主办城市环境及设施规划的可存续更新上。

2012年伦敦奥运会举办的契机下,伦敦市政府对城市的规划就提出"通过创建一个高质量的公共空间,使其促进城市区域更新"的宏伟愿景。2005年伦敦奥组委就计划投资23.7亿英镑,大部分用于基础设施、环境整治等与城市可持续发展相关的领域。2009年出台的伦敦奥运会遗产长期规划文件有效配合了城市自身的规划目标,提出要以奥运会为契机启动伦敦城市更新,创造高质量的人居及工作环境。东伦敦地区长期以重工业为主的产业格局使得城区大部分土地污染严重,水质和空气质量也深受其害,城区规划环境也由于历史的原因受到局限,街道狭窄、房屋稠密、土地七零八落,铁路、高压线走廊密布横呈，废弃的厂房、水沟随处可见。2012年伦敦奥运会的举办将奥林匹克公园融入东伦敦利亚山谷地区和泰晤士河的绿地系统当中，在创建的新型绿色空间中解决了废弃用地转型的问题。城市更新计划不仅着眼于修复破旧的城市肌理，同时还规划了新的基础设施，满足了城市发展的长远需求。赛后留下的可持续新社区，对城市居民生活质量的改善发挥了重要作用。在城市更新过程中，公共绿地和绿色基础设施得到升级，不仅确保地区自然生态功能的发挥，还以此为里程碑启动了城市环境的重生（见图5-4）。

图5-4　2012年伦敦奥运会伊丽莎白女王奥林匹克公园

图片来源：国际奥委会官方网站。

伦敦经验实际上就是将可存续环境理念贯彻到奥运城市的可持续规划和实施当中，不仅使得主办城市本身受益，奥运会的环境保护经验也因其覆盖全球的影响力得到广阔的辐射和示范，影响了一个又一个城市的可持续发展更新。

可存续环境理念引导下的主办城市环境规划以奥运会的举办为契机，启动城市环境更新的帷幕，并且在改善环境和设施布局的计划中，充分贯彻可存续环境的思想，将奥运环境设施建设与城市自身发展的

<<< 第五章 奥运会与可持续城市互动关系的建立及互动模式的提出

长期规划结合在一起,并遵循城市经济、社会与环境协调发展的原则,降低甚至避免在追求经济增长和社会建设的同时对城市环境造成破坏。

在这个基础上,可存续环境理念的贯彻不仅提升了奥运会带给城市积极的环境效益,更削弱了奥运会建设对主办城市环境及规划的负面影响,使得各个城市在申办奥运会环境风险降低的同时,也获得了改善和更新城市环境的极大可能,从而吸引了更多的城市参与到奥运会的申办竞争中来,促进奥运会的可持续发展。

(二)绿色经济理念引领主办城市产业经济

奥运会对主办城市产业经济的影响主要体现在短时期地提升城市需求,从而带动城市经济的增长,但在奥运会举办后也可能带来经济波动、投资下滑以及泡沫风险。同时,主办城市在以经济增长为目标的奥运经济规划中,可能忽视城市普通居民的切身利益,影响社会和谐,同时在经济开发中过度地开发环境和资源,造成长期甚至不可逆转的破坏。

1976年蒙特利尔奥运会耗资巨大的场馆设施建设使得城市经济发展受到重创,后奥运30年因巨额负债征收的"奥运特别税"更是使城市居民的生活背负沉重的负担。这个在奥运恶评史上无法回避的"蒙特利尔陷阱",一度使1984年奥运会的申办陷入危机。1998年长野在申办冬奥期间招待国际奥委会官员以及赛场建设的巨额开支,赛事举办期间因交通改善而被东京"截留"的旅游收入,以及赛后城市经济的大幅度衰退,也使得这届冬奥会被称为公众和媒体口中"赔本"的冬奥会。2014年索契冬奥会不仅耗费550亿美元的巨额费用,政府还不得不在可预见的未来对场馆、游客和交通基础设施的运营和维修提供每年12亿美元的补贴[①],奥运会与城市经济发展的关系越发引人深思。

---

① MÜLLER M. After Sochi 2014: costs and impacts of Russia's Olympic Games [J]. Eurasian Geography and Economics,2014,55(6):628-655.

绿色经济理念不仅要使经济得到增长，又要在发展经济的过程中最大程度地避免对生态环境、自然资源以及城市社会生活的破坏，因此在奥运产业经济的规划中，必须充分考虑环境成本和社会成本，杜绝"华而不实"的奥运建设。

2016年里约奥运会举办前夕，巴西正面临着财政赤字、经济缩水以及总统弹劾的复杂局面，整届奥运约390亿雷亚尔（约合780亿元人民币）的总预算中，直接与比赛本身发生关联的开支不到150亿雷亚尔，一半用于比赛场馆和基础设施工程建设，一半用于赛事运行开支，而永久性的基础设施以及城市环境、交通改进等内容的开支共246亿雷亚尔，占总支出的五分之三，被称为"奥运遗产预算"，充分体现了绿色经济引导下，奥运服务于城市发展的可持续城市理念。

绿色经济引领下的节俭办奥理念，标志着奥运会举办可持续发展新模式的开启。虽然削减经费使得赛事的举办达不到大而全的标准，但这并不代表里约奥运会是一届有失水准的廉价奥运，节约支出更意味着效率的提高和陈腐模式的改变。正如国际奥委会的评价：不一定尽善尽美，直面社会问题，经济适用，尽可能减轻民众等各方负担，可持续发展。

同时，绿色经济理念还对奥运会主办城市产业转型有着促进作用。通过奥运契机，科学规划和布局主办城市内部产业结构，淘汰能耗高、污染重、效率低的落后产业；利用主办城市区位优势和区域定位发展特色经济，并注重向低碳、环保、可持续的产业转型；引领奥运投资向可再生能源、节能建筑等绿色产品和服务领域倾斜，把环保效益转化成经济效益。2010年温哥华冬奥会对奥运相关产品的生产和供应商进行了可持续发展的管理，包括评估可持续发展水平、奖励可持续发展创新、制订资产处理计划等，这对于冬奥会绿色经济发展方式的示范有着积极的影响,直接带动城市经济的绿色发展。

绿色经济理念不仅讲求奥运产业的绿色环保,更重要的是在奥运契机下带动主办城市经济的绿色增长,增进城市居民的福祉。然而,绿色经济既是奥运会主办城市要实现的目标,也是城市可持续发展的一种途径。针对奥运规划制定适宜城市发展的绿色经济政策,通过奥运带动科技创新,通过引进先进技术和管理模式降低资源投入以提高经济效率,并为城市各类劳动力创造发展机遇和环境,保持稳健的经济增长速度,从而实现主办城市经济的可持续发展。

(三)和谐社会理念引领主办城市生活方式

奥运会对城市生活领域的影响主要反映在增进不同群体的交流,增强文化认同和社会凝聚力,促进社会稳定,提升市民素质,带动城市体育及文化事业发展以及塑造城市形象等方面。但因举办奥运会对公共利益、公共空间的压缩也在一定程度上侵犯了城市弱势群体的权益,可能导致公共参与不足,甚至社会分化。

2016年里约奥运会由于场馆及基础设施建设,需要对3500户居民住宅进行拆迁,这严重影响了居民的生活。尽管政府提出了置换安置房和经济补偿等解决措施,但仍未让当地居民满意。Autodromo地区的贫民窟作为"钉子户"留在原地的20户居民甚至遭受了政府警方的强行驱逐,产生了暴力冲突。[①]而在1996年亚特兰大奥运会期间,也有类似的情况发生。麻省理工学院劳伦斯·维尔教授曾向媒体提到,亚特兰大政府通过伪造材料呈现出大部分居民主动表示愿意迁出的假象。不仅如此,大多数居民在搬迁过程中没有得到政府的帮助,也没有获

---

① 李刚.里约奥运村的邻居:拆迁风暴之后,生活仍在继续[EB/OL].第一财经,2016-08-05.

得后续的补偿。①

和谐社会理念要求遵循社会正义和公平，强调所有成员参与城市决策，决定如何重塑自己的生活环境②，并强调对社会多样性以及平等表达的包容以及融合。因此，在奥运对城市公共空间的改造中，也有必要通过和谐社会理念促进社会的包容，以尊重公民的权利和公众参与。

然而，城市主流生活方式反映出市民价值观、规范和行为实践，市民文化使彼此不同和不相识的人们能够构成一个具有包容性的共同体。对奥运城市的可持续发展的建设来说，空谈价值观显然是不够的。生存态度、价值观念和需要定位等，最终都要通过生活方式这一中介对环境发生作用③，生活方式变革是城市可持续发展的内在要求，只有人们身体力行地去实践可持续行为，将可持续价值观融入生活方式当中，才能促进城市的可持续发展。

不合理的生活方式往往以提高生活的物质标准为准则，忽视人的个性和行为的发展，从而制约城市的可持续发展。而和谐社会则旨在引导奥运会主办城市为市民提供优质的、均等化的公共服务，包括公共设施建设、公共资源配置、公共政策制定等，同时提高公共服务的质量与效率，以使城市居民获得生活方式的选择，增进主办城市的活力和吸引力。

和谐社会理念所引导的生活方式是符合可持续发展需要的健康生活方式，不仅以人为本，满足人的需要、实现人的理想，更体现出强烈的人文关怀。这正是奥运会传播的以体育为内容的生活方式的核心

---

① 沃尔德伦，马西埃.奥运会其实一直都是穷人的噩梦，里约也没能例外［EB/OL］.搜狐网，2016-08-23.
② 联合国，国际展览局，中华人民共和国住房和城乡建设部，等.上海手册：21世纪城市可持续发展指南·2016［M］.北京：商务印书馆，2016：42.
③ 陈新夏.可持续发展与人的发展［M］.北京：人民出版社，2009：312.

诉求。以体育为内容的生活方式增强了人生存活动的自由自主性，丰富了人的生活内容，提高了人的生活质量，并且扩大了人的活动范围。和谐社会理念将传统的以享用物质财富为主的消费主义生活方式转化为体育生活方式，实际上意味着由消耗自然资源、破坏自然环境向欣赏自然和维护自然转变，是一种资源节约型和环境友好型的可持续生活方式。在和谐社会理念引导的可持续的健康生活方式下，不仅城市因市民的进步和发展实现软实力的提升，奥运会赋予主办城市的内在价值也将得到提升。

三、奥运会与可持续城市互动共赢模式的建立

在奥林匹克运动与可持续城市互动关系的基础上，本书提出奥运会与可持续城市互动共赢模式，在这一模式下，奥运会与可持续城市发展的一致取向体现在可持续城市绿色经济、可存续环境、和谐社会三大支柱的框架当中，并与奥运会主办城市的产业经济、环境规划和生活方式相对应，主要细分为三种发展模式：奥运环境规划与可存续环境相适应的发展模式、奥运产业经济与绿色经济相协调的发展模式、奥运生活方式与和谐社会相契合的发展模式（见图5-5）。

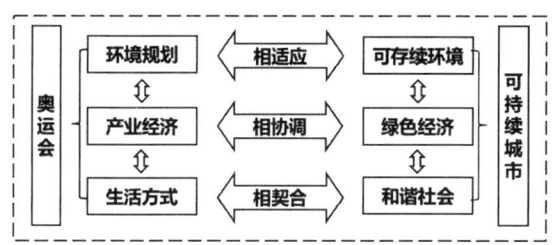

图5-5 奥运会与可持续城市互动共赢模式

（一）奥运环境规划与可存续环境相适应

人与自然和谐发展是奥林匹克运动生存发展的必要条件，符合奥林匹克运动发展的自身规律，也是其一直倡导的理念。奥林匹克运动鼓励人们在体育活动中关注环境、爱护环境，期盼着人与环境和谐共处，在这个程度上，可以说奥运会是环境友好型的活动。奥运环境规划与可存续环境相适应的发展模式，不仅是对"为建立一个和平的更美好的世界做出贡献"的奥林匹克运动宗旨的响应，更是促进城市环境可持续发展的必然要求。

良好的城市环境为奥运会的举办提供物质保障和平台支撑，赛事的筹备、运行离不开清洁、完备而安全的城市环境，城市环境的优劣已经成为城市申办奥运的重要筹码。为了改善奥运赛事期间的城市环境，主办城市通常采取一系列行之有效的措施和行动计划来实现奥运环境目标，不仅使城市环境借助奥运会举办的契机得以改善，更提高了城市环境建设管理水平。不仅如此，奥运会期间开展的多种形式的环境教育活动将环保观念深入人心，促使人们形成良好的行为习惯和健康的生活方式，帮助城市实现环境可持续发展的长远目标。从更广大的范围看，奥运会处理城市环境问题的探索和经验将凭借奥运会的强示范效应，通过奥运会的周期性巡回举办在世界各地进行示范展示，成为城市环境问题新的解决方案。

因此，奥运会环境遗产的规划和实现有必要结合城市现有的规划，以奥运会的举办为城市环境更新的契机，更将奥运环境、设施转化为可以为城市居民充分享用奥运遗产，从而促进城市的可持续发展。

（二）奥运产业经济与绿色经济相协调

对城市来说，举办奥运会既是一件耗资巨大的"大事件"（Mega-Event），又是促进城市发展的重要机遇。在奥运会的投资中，无论是直接的奥运会赛事相关设施的建设，还是赛事运行涉及的城市公共设施，都需要投入大量人力和物力，甚至可能造成城市的负担。而奥运会对城市建设的带动以及对相关产业的促进，又推动了城市经济的快速增长。奥运建设运营与绿色经济相协调的发展模式，就是在奥运会建设投资以及产业带动过程中，遵循绿色经济的发展方式，把奥运经济的增长与绿色、低碳、可持续的资源开发利用、生产生活消费以及产业结构优化结合起来，以实现奥运会与城市经济的绿色发展。

发展绿色经济是一项复杂的系统工程，需要城市规划与奥运会建设中各个利益相关者通力协作，确立共同的愿景、设定具体目标、强化实施和保障，将"绿色经济"理念贯彻到奥运工程建设中，并使奥运相关的经济活动符合绿色环保的要求。同时在奥运会"绿色经济"的发展中，带动城市产业的优化和更新，创造出绿色的效益，成为经济的增长点，满足人们绿色就业、提高生活水平的需求，实现城市的和谐发展。

城市经济的绿色增长，又给奥运会以及奥林匹克运动的可持续发展提供了坚实的基础，使得奥林匹克运动有能力涉入大众健康、文化教育、环境保护、科学研究等更加广阔的公益领域，造福世界各地的国家和民众。

在奥运产业经济与绿色经济相协调的发展模式下，还要将冬奥会直接经济收益带来的城市经济短期快速增长内化为城市自身源源不断的绿色经济发展动力，成为奥运经济遗产，并推动城市健康有序发展。

（三）奥运生活方式与和谐社会相契合

人是构成城市活力的主体，他们在城市中生活、工作、消费、思考、出行和娱乐，交替点亮城市中的每个角落。伴随着城市化和现代化的进程，生活方式也伴随着城市经济社会的整体发展而不断发生变化，在生活方式日趋多样化的过程中，人与人之间的关系也随之改变，在生活水平提高的同时，也产生了一定的社会矛盾。奥运生活方式与和谐社会相契合的发展模式，就是在奥运生活方式中传递可持续观念、化解城市矛盾，以促进可持续城市和谐社会的建设，实现奥运会与城市协调共进。

体育作为奥运会的主题元素，通过促使居民在日常生活中关注个人健康，提高体质以降低医疗开支，促进心理健康和群体交往，避免诸如吸烟、吸毒和酗酒等不健康的活动、选择绿色出行等实际上也减少了废弃物的排放，以一种低成本、高回报的方式促进可持续生活方式的形成。体育还通过对参与者不设门槛的包容性增进了城市中人与人的沟通，奥运会通过"卓越、友谊、尊重"价值观的传递直接拉近了城市中人与人之间的距离，而公平竞争的原则强化了不同社会背景参与者之间平等互动。在奥运会举办这一城市共同信念下，人们对个体间的差异越发包容，对人际关系也更加宽容，有助于打破社会障碍，培养可持续城市所需要的社会价值观和行为，并促进社会凝聚力和社区认同，城市也收获了社会秩序的和谐。

而体育生活方式在城市的展示和传递中，也将奥林匹克运动的精神在城市中普及和传播，对生活气息的直接感知构建了奥运城市共同的记忆。奥运文化在生活中传达给人们的可持续价值观念和态度，不仅增进城市和社会的和谐，更使城市生活变得更有意义，而对城市人来说，它意味着一种强烈而持久的奥运吸引力，在这一层面上，可以说城市生活方式也是一种奥运遗产。

四、小结

奥运会与可持续城市的互动关系是在奥运会对城市可持续发展的促

进，以及可持续城市理念对奥运会可持续发展的促进的基础上形成的。

奥运会对城市可持续发展的促进，是通过奥林匹克运动体育、文化、环境三大支柱对可持续城市三大支柱可存续环境、绿色经济、和谐社会施以作用。环境是奥运会与城市发展共同的问题，在解决环境问题的目标上奥运会与可持续城市表现出了一致的取向；奥林匹克文化是可持续发展价值观念转变的桥梁，对可持续城市绿色经济的形成有着促进的作用；同时，奥林匹克体育又是可持续生活方式塑造的主要方式，对可持续城市和谐社会的实现有着重要的意义。

主办城市的可持续发展是奥运会得以持续运行的重要前提，可持续城市对奥运会可持续发展的促进需要落实在主办城市的可持续发展上，通过可存续环境、绿色经济、和谐社会三大支柱引领城市奥运环境规划、产业经济以及生活方式的建设，在发展城市自身的同时促进奥运会的可持续发展。

在奥林匹克运动与可持续城市相互关系的基础上，本书提出奥运会与可持续城市互动共赢的新模式，在这一模式下，奥运会与城市可持续发展的一致取向体现在可持续城市环境、经济、社会三大支柱的框架中，主要细分为三种发展模式：奥运环境规划与可存续环境相适应模式、奥运产业经济与绿色经济相协调模式，以及奥运生活方式与和谐社会相契合模式。

第六章

奥运会与可持续城市互动共赢模式对2022年冬奥会及主办城市的影响

北京、张家口联合举办的2022年冬奥会是在人口密集、环境污染重、发展不均衡、社会资源不平等的城市及区域，探索并实践如何对人居可存续环境改善、绿色经济发展以及和谐社会的构建做出可持续城市示范性贡献的一个契机，城市的可持续发展是2022年冬季奥运会遗产规划和管理的基本原则和主要目标，而京张联合办奥又赋予了冬奥会促进京津冀协同发展的国家重大战略目标实现的重大意义，成为区域可持续发展的新典范。我国作为发展中国家，决定了在赛事筹办和举办过程中存在"发展与保护"上的"两难"局面，需要在处理局部与整体、短期效益与长远影响之间的关系时妥善统筹、协同发展。

2015年北京冬奥申委提出的可持续发展、以运动员为中心以及节俭办赛三大申办理念不仅与《奥林匹克2020议程》关于降低奥运会申办和运行成本、可持续发展、提高公信力和注重人文关怀的改革方向高度契合，而且北京、张家口联合申办2022年冬奥会更是与《奥林匹克2020议程》关于多个城市联合举办奥运会的改革措施直接对应，本书将2022年北京冬奥会视为奥林匹克运动可持续发展改革的先行者，总结奥运会与可持续城市互动共赢模式在北京冬奥会的实践运用，提炼冬奥会在举办城市及区域形成的赛事遗产，以实现赛事和城市的可持续发展。

一、北京冬奥会实现城市可持续发展的挑战

作为世界上规模最大的冰雪赛事，冬季奥运会的项目设置对环境有着特殊的时空要求，独特的赛事特点使得冬奥会有着与城市可持续发展的一致取向。无论是举办冬奥会对城市可持续发展潜在的负面影响，还是冬奥会对主办城市可持续发展的有力促进，都使得冬奥会与城市可持续发展紧密结合，并呼唤奥运会与可持续城市互动共赢的新模式在冬奥会这个特殊的冰雪平台得以实践和展示。

北京冬奥会的举办除了创造出符合城市发展需求、惠及市民自身的冬奥遗产外，由于客观环境、经济、社会的原因，也同样存在着一定的负面效应，这也是"大事件"（Mage-Events）对城市无法规避的客观存在。在奥运会与可持续城市互动共赢的新模式下审视冬奥会带给主办城市和区域的负面影响，实际上是摸清问题，对困难统筹规划以降低和减缓负面因素的一个必要过程。

（一）冬季奥运会赛事特点下北京冬奥会实践新模式的挑战

1. 生态破坏带来城市环境挑战

奥运会一方面被认为是城市与区域再造的重要推动力，另一方面却被看作加速环境恶化的幕后黑手。[1] 冬季奥运会作为顶级的冰雪运动赛事，对竞赛环境和接待环境都有着更高的标准和更严格的要求，以符合赛事的档次，而赛事举办难以避免的山地环境脆弱及气候恶化等生态隐患和环境冲突也在冬季奥运会上集中爆发，在这个高水平大规模的国际赛事运行中，对环境的潜在破坏以及对资源的消耗也会呈几

---

[1] 贝尔，克里斯滕森，等. 后奥林匹克主义？21世纪体育批判［M］. 王润斌，译. 北京：人民体育出版社，2015：3-4.

何倍数的增长。与冬奥配套的大型基础设施建设项目的可持续性也经常受到质疑，设施规模太大容易缺乏可行的、长期的使用，也有可能对自然和文化遗产以及当地社区造成不利影响。

首先是场馆建设与区域生态冲突。户外雪上项目如高山滑雪、越野滑雪的场地修建对山体要求极高，多在森林茂密、坡度适宜的山地、丘陵地带，且技术条件复杂。赛场所在地多为生态脆弱的地区，工程介入会导致自然环境的破坏。除了依托山地、林区原有的地形地貌，滑雪场地的开发需占用大量的土地，如高山滑雪项目赛道坡面长度达3000米，山体落差近800米，雪道所经之处耕地占用、林木砍伐，导致地表土壤流失难以修复，施工过程当中的机械作业造成的野生动物迁徙和植被破坏更是无法恢复的。雪道建设导致原有的自然景观变化，进而造成的区域景观空间结构的变化会影响其功能和稳定性的发挥，不利于自然系统生态平衡的维护。而赛场远离城市也给交通、运输系统带来沉重负担。

2014年索契冬奥会就是沉痛的教训。位于波利亚纳的奥运村的雪车和雪橇赛场设置在高加索国家生态保护区的缓冲区内遭到民众反对，而用于冬奥会的黑海度假村在建设过程中忽视对周围居民的影响，导致附近村庄地面下陷，房屋坍塌。场馆建设需要的大量石材导致垃圾随意倾倒、径流污染、水井干涸。因大兴土木，当地居民生活在无休无止的建筑环境中，噪声尘土污染对居民也是巨大的折磨。高达550亿美元的赛事举办费用也被批评铺张浪费。[1]

国际奥委会在对北京申办奥运会的评估报告中就曾表示对延庆赛场建设可能引发的区域生态破坏的担忧。延庆赛区所在的小海坨山与

---

[1] MÜLLER M. After Sochi 2014: cost and impacts of Russia's Olympic Games [J]. Eurasian Geography and Economics, 2014, 55 (6): 628-655.

松山国家自然保护区毗邻，松山拥有丰富的森林和野生动物资源，如果不在建设之初就做好生态保护措施，包括国家一、二级保护动物在内的珍稀动物、植物则将可能因赛区的占地施工永久摧毁，建设造成的环境退化也可能导致稀有物种的直接消亡。根据冬奥会的赛事特点，包括赛道造雪、景观造雪以及人员与公共建筑在内的大量赛事用水使得延庆赛区现有水源和供水设施无法满足赛事赛期的用水需求，只能通过赛区外围调水来解决这一问题。为此，延庆区水务局拟新建34千米的输水管线及加压提升泵站，将白河堡水库的水输送至佛峪口水库，以保障冬奥会用水需求。[1] 由于输水管线选线穿越龙庆峡—松山—古崖居风景名胜区，无论是工程永久占地还是施工临时占地都有可能对生态环境造成影响，挖填方所带来的弃渣、工作人员日常的生活用水和垃圾以及施工过程中的扬尘、噪声将直接形成环境问题。一方面，施工过程中涂料、油料等化学药品如果管理不善意外发生爆炸、燃烧，将危害施工人员及沿线群众的人身安全，造成严重后果；另一方面，这些危险物品发生泄漏，则会对沿线水体造成污染，直接影响佛峪口水库的水质。

其次是赛事需求与资源消耗冲突。要保证冬季奥运会作为顶级综合赛事的规模和水平，就需要相应的资源满足对庞大的比赛的设施支撑和服务需求：一流的赛场赛道、训练场馆等比赛环境，良好的通信、交通等基础设施，配套的住宿、餐饮等接待服务及安保、媒体服务。

冬季奥运会在短短两周的时间举行如此规模的超大型赛事使举办地人口数量激增，造成交通堵塞和噪声污染，留下大量垃圾及污染物，对环境可持续造成巨大压力。除了赛事接待的能源耗费外，受全球气

---

[1] 关于冬奥会延庆赛区应急水源保障工程建设项目前期工作函[R].北京：北京市发展和改革委员会，2016.

候变暖趋势以及干旱气候影响，大部分滑雪场无法依靠自然降雪，除了前期大量储雪外，必须利用人工造雪铺设雪道和营造雪场氛围。按照1立方水产出2.5立方雪的行业标准，平昌冬奥会25万立方米的人工造雪量计算[①]，举办一届冬奥会需要耗费10万立方米的水。造雪水源主要来自地下水开采，耗费大量水资源。除了耗水，造雪还需大量耗费电、气等能源，大量使用造雪设备所增加的温室气体还会破坏臭氧层。

2022年冬奥会同样存在着缺雪的状况，除赛道需要，赛道外人工雪景装饰同样需要耗费大量水源。尽管冬奥组委相关成员在申奥陈述中表示"人工造雪用水量占当地供水量的比例最高也不到1%，对环境几乎没有影响"[②]，但是这对本就十分缺水的北京、张家口而言仍是雪上加霜。

并且，冬奥会季节属性与非雪季日常维护的冲突对北京来说也是不小的挑战。由于冰雪运动具有极强的季节性，换季期间温度升高，雪道积雪融化后土地裸露，失去植被保护的赛道无法保持水土，雨水冲刷及雪水融化顺赛道下流带走地表大量泥沙，更造成水土流失，进而破坏生态环境。积雪融化时又正值一年中水蒸发量的高峰时期，大部分雪水还来不及下渗补给地下水就已蒸发，地下水位越来越低。人造雪融化后，如果得不到妥善处理，制雪、化雪所用的化学物质还会污染洁净水源。

比赛及基础设施的赛后闲置也是一种巨大的浪费。高山滑雪、雪橇雪车等项目技术要求极高，专业的赛场、赛道除了承办顶尖赛事外使用率相当有限，尤其在冰雪季过去之后，如果场馆没有得到有效利用，后期维护仍然需要耗费大量的资源。

[①] 杨敏.平昌冬奥会最低票价仅120元，人工造雪花费不菲［N］.广州日报，2016-11-25.
[②] 中国奥委会主席刘鹏：人工造雪用水量最高不到1%［EB/OL］.中国新闻网，2015-07-31.

<<< 第六章 奥运会与可持续城市互动共赢模式对2022年冬奥会及主办城市的影响

延庆赛区新建的高山滑雪中心和雪橇雪车中心场地专业性和项目难度都极强，在赛后难以使体量庞大的场馆群有效利用。尤其在非雪季期间，新场馆的多功能开发、运营仍然需要面对不小的难度，如何将场馆维护的能耗降到最低，获得可持续运营的动力，在冬奥会结束后，仍然是北京需要考虑的问题。

2. 短期需求增长引致长期需求过剩

作为世界上规模最大的冬季综合赛事冬奥会需要修建体量庞大的冰雪场馆，以及通往场馆的配套交通、餐饮酒店服务等公共设施，这对主办城市来说，可能是个沉重的负担。

历届奥运会主办城市都存在预算超支的情况，2014年索契冬奥会550亿美元的开支更是达到了极致，是总预算的4.5倍，冬奥会主场馆与奥运村的建设费用甚至达到预算的12倍。在索契冬奥会的最终支出中，包括各级政府、国有企业及国有银行在内的公共财政的出资比例为96.5%，社会投资仅占3.5%。[①]在这个历届最高的公共财政出资比例下，政府无疑承担着巨大的负担。而在20世纪的冬季奥运会中，1994年利勒哈默尔的总支出达到10亿美元，是预算的5倍，一些人认为是由于举办一届"绿色奥运"所需要的环保投入使得费用暴增。由于利勒哈默尔无法支付全部费用，挪威政府只能承担了大部分的开销。

与夏季奥运会一样，冬奥会规模越来越大、场馆越来越奢华，赛后场馆的闲置问题也越来越严重，使得冬奥会越来越脱离社会、脱离城市。1998年长野奥运会为修建豪华的场馆花费了1180亿日元（约合68亿元人民币），在赛后的运营中又陷入了赤字，直到现在也没有从债务中完全脱离出来。正如大卫·哈维的观点，城市在大事件营销过

---

① MÜLLER M. After Sochi 2014: cost and impacts of Russia's Olympic Games [J]. Eurasian Geography and Economics, 2014, 55 (6): 628-655.

程中专注于外来资本，追求短期效益，容易导致资源损耗、生态破坏、发展失调等问题。[①]借着冬奥的"东风"大量投资向主办城市涌入，城市经济得到快速的发展，但与此同时城市居民也深受房价高起、物价上涨等因素的影响。

冰雪运动的季节性也限制了滑雪场的四季运营，在非雪季期间，滑雪场的日常维护也需要耗费高昂的成本。冬季由于大量游客游玩带来良好运行的滑雪场，到了夏季却又需要面临游客锐减、入不敷出的现实情况。尽管滑雪场可以通过开展户外运动等吸引游客在夏季前来游玩，但是要使这些非雪季运营活动形成一定规模和系统仍具有相当大的难度，难以持续发展。滑雪场非雪季的特色是否突出、基础设施是否完备、服务是否到位都是游客考虑的重要因素。

在冬奥会申办及举办成功之后，北京、河北乃至全国的滑雪产业都得到了快速发展，北京周边、张家口崇礼的滑雪场数量更是不断增加。在冬奥风头上新增的滑雪场普遍缺乏足够的规划，大量重复建设，定位不够清晰。由于滑雪场前期投入较大，新增滑雪场多为仅有初、中级赛道的小型滑雪场，大部分没有配备缆车索道等设备，仍属于初级滑雪场市场。尽管在冬奥风头下开始尝试滑雪的人越来越多，但由于滑雪运动的技术和消费门槛较高，愿意购买滑雪装备长期在雪场练习的人还是很少，难以成为冰雪运动长期的爱好者和消费者，更不用说形成休闲度假的生活方式。对尚处在初级阶段的国内大众滑雪产业来说，崇礼的滑雪场地以及配套产业和设施可能形成供大于求的局面，难有增量可言。大部分滑雪场不仅同质化严重，而且盈利能力也较弱，长期处于低价竞争的状态。在"冬奥热"过去之后，人们的滑雪激情

[①] HARVEY D. From Managerialism to Entrepreneurialism: The Transformation in Urban Governance in Late Capitalism [J]. Geografiska Annaler, 1989, 71（1）: 3-17.

也逐渐冷却，冰雪经济可能发生严重倒退。

当前滑雪场建造运营成本的高昂使得许多大型雪场的主要收入来源于相配套的地产销售，而非滑雪场本身，奥运概念房给主办城市当地带来的 GDP 攀升的同时，极易带来供应大于需求的"泡沫"，这可能使得崇礼成为"衰败的新区"。城市着力于打冬奥牌可能会片面追求形象工程，造成资金和资源的浪费。由于冰雪经济的季节性消费，非雪季以及后奥运时期滑雪场、城市设施低利用率，都成为崇礼区以及张家口市如今需要思考的问题。

3. 赛事举办影响城市居民社会生活

冬奥会雪上项目由于依赖自然环境和地貌，通常修建在远离城市中心的市郊山区，与城市居民生活工作的中心区存在一定的距离。冬奥会举办期间平均每天几万人观看比赛，交通需求较平时将大大增加，加上奥林匹克专用车道的开辟往往直接占用现有的公路，冬季奥运会的召开为城市交通带来一定的压力，甚至可能造成交通拥堵，更不用说施工期间的影响。

冬奥场馆的赛后利用也可能将运动员等精英阶级与普通民众的身份壁垒强化。由于冬奥场馆的专业性极强，在赛后常常作为专业运动员和运动队的训练场地使用，而冬奥场馆通常体量较大，维护成本较高，因此需要通过社会运营来降低成本，甚至实现盈利。所以在冬奥场馆的使用群体中存在着严格的社会等级划分，以卡尔加里速滑场为例，通过区分使用者的社会身份和运动员身份这一体系，对何人、何时、何地以及如何滑冰进行了严格的界定，并将滑冰者按照重要地位分为不同类型，形成限制人们进入场馆参观和滑行的体系，因此可能会侵犯甚至剥夺弱势群体的权利。共享同一空间并不能使人们的身份差异减小。①

　　冬奥会也可能使得城市居民的公共利益被压缩。由于举办冬奥会通常需要举行政之力来实现赛事目标，然而冬奥会对城市财政的贡献又相对有限，可能会挤占大量能产生社会效益的城市功能，实际上将市民生活从赛事、旅游和形象工程中排挤开来，加剧弱势群体贫困状况。1988年卡尔加里冬奥会导致2000多人被迫暂时或永久地离开他们的居住地，以便给奥运会游客提供住宿。为了提升城市的旅游形象，还要求奥运场馆附近低收入地区的房屋进行整修。像其他主办城市的奥运会建设一样，省政府在几乎不征求社会意见的情况下，很快同意在低收入城区建设奥运场馆。而1998年长野冬奥会则因纳税人所交的钱用于建设昂贵的大型设施而不是满足当地居民需求，奥运会期间限制公民自由，以及奥运场馆和基础设施建设优先于一些更重要的公共服务建设而遭受部分居民的反对。②

　　延庆赛区以及张家口赛区由于冬奥场馆建设规格较高，无论是远离城市中心还是冰雪运动的高消费，都可能将大部分市民阻挡在场馆之外，远离普通市民的日常生活，难以将冬奥场馆遗产直接惠及城市居民。

　　从赛区场馆布局来看，雪上项目场馆由于对环境的特殊要求往往修建在远离城市中心的山区，在交通上与公众的生活存在一定的距离。张家口赛区的云顶滑雪场距崇礼区中心25.3千米，距离张家口市中心150千米，而延庆赛区新建的雪橇雪车中心和高山滑雪中心到北京市中心也存在近百千米的距离。这样的距离对居民日常体育锻炼、休闲娱

---

① 贝尔，克里斯滕森，等.后奥林匹克主义？21世纪体育批判［M］.王润斌，译.北京：人民体育出版社，2015：78-81.

② 贝尔，克里斯滕森，等.后奥林匹克主义？21世纪体育批判［M］.王润斌，译.北京：人民体育出版社，2015：105-106.

<<< 第六章　奥运会与可持续城市互动共赢模式对2022年冬奥会及主办城市的影响

乐来说并不是十分便利,时间在交通上的大量耗费可能使得居民游玩体验大打折扣,从而降低出行意愿。因此,冬奥会雪上项目场馆在交通距离上在一定程度上已经将普通市民隔绝在外。

而冰雪运动无论是场地使用、装备购买还是服务消费都属于花费较高的消费项目,在配置先进的冬奥场馆进行冰雪活动是许多城市居民难以承受的开销。承担冬奥会单板滑雪和自由式滑雪项目比赛的崇礼密苑云顶乐园单日雪票价格880元(不含雪具),即使是淡季折扣雪票价格也达到500元左右。如果之前没有购买过雪具装备,租借一套雪具装备单日价格也近300元。加上长距离交通以及雪场价格偏高的餐饮消费等,对普通市民仍是不低的开销。如果按照目前流行的周五晚上到达崇礼区普通酒店住宿,周六日两天滑雪,周日下午或晚上离开崇礼的游玩节奏,人均消费将达到1500元以上。如果选择到滑雪场附近的度假酒店住宿,费用则可能翻一番以上。高昂的游乐消费更是将大部分普通收入的城市居民隔绝在外。

而对北京来说,因举办冬奥会而进行的如城中村、地下室拆迁及消防、市容环境、卫生整治等城市治理,仍然可能损害社会底层人口的市民权益。城市治理中公众参与不足容易造成城市中正义的缺失、空间的剥夺与隔离,使得弱势群体边缘化。非首都功能产业转移所造成的失业等问题也可能成为社会稳定的隐患,缺乏人文关怀的保护手段和过度消费的利用方式将北京的城市遗产隔离于绝大多数公众的生活之外,日益严重的"孤岛化""绅士化"(gentrification)现象加剧了蕴含于城市遗产中的传统人文生态的丧失和社会适应性的衰退,城市风貌和秩序恢复的同时,也损害着这座古都的活力。资源聚集与生活多样是北京最大的优势,并且不断吸引着年轻人的涌入。与此同时,户籍、房价、拥堵与污染也开始真实地逼走一部分人,长此以往,北京将不再是外来人才最终的目的地。年轻一代择业择居的新标准提醒着首都，为未来留下成长和可塑的空间同样重要。而延庆在建设冬奥场馆前需要对所在地张山营镇西大庄科村进行征地拆迁，即使有前期的沟通和相应的补偿机制，但仍然直接影响了当地居民的生产生活，长期的施工以及设备、垃圾运输，为保障重大工程在重要路段设关设卡等，对附近未被拆迁的居民也有着极大的负面影响。本将用于改善民生的公共资金也可能转移到对冬奥会的拨款当中，影响居民福祉。

对张家口来说，高涨的房价对冬奥举办地崇礼当地人来说普遍难以接受，外地购房者平时也大多不会生活在这里。入住率不到三成的楼盘一到晚上几乎漆黑一片，非节假日里新城区路上甚至难见行人，甚是萧条。投资商和游客的大量涌入使得崇礼城区生活成本随之攀升，这更是加重了当地居民的生活负担。2022年前，主城区只有3万人的崇礼，由一座桥将新旧城划分成两边，一边是拥挤低矮的老式居民区，另一边是冰雪主题的高档住宅区，仿佛将城市分为两个世界，改善民生福祉成为张家口举办2022年冬季奥运会的重要愿望。

（二）"后发型"国家背景下北京冬奥会实践新模式的挑战

20世纪中期，在西方国家长达三个世纪的工业化以后，资源环境问题的负面效应已经引起了人们的警觉，并采取了相应的反思和行动。然而由于我国正式进入现代化进程较晚，从资源环境问题出现到对可持续发展问题的广泛关注，间隔着一个较长的时间差。在意识形态等原因的诱导下，我国曾将资源环境问题误判为资本主义生活方式所造成的特有的产物，并片面乐观地认为资源环境危机与社会主义社会无关，丧失了对工业化带来的环境危机应有的警觉。当人们超越意识形态等樊篱，开始意识到资源环境问题是现代化生产和生活方式的必然产物，并开始采取行动时，便已经错失了发现和解决问题的良机，重蹈了西方发达国家"先污染后治理"的覆辙，留下资源环境问题的大笔欠账。

除了面临可持续发展问题上的"后治理"，我国更是承受着"后发展"的压力。由于历史的原因我国现代化建设开始较晚，当我们开始大力发展建设时，西方国家已经完成了现代化进程，确立了强大的经济优势。作为发展中国家，尽管我国发展势态的迅猛为世界所震惊，经济总量已处于世界前列，但在人均占有量上却处于世界后列，经济文化发展总体水平不高，人均发展水平还很低，在国际竞争日趋激烈的背景下仍然处于劣势，面临着加速发展经济、迅速提高综合国力的压力。与此同时，人口众多、老龄化形势严峻、人均资源紧张、城乡二元发展不平衡、产业结构水平较低、环境污染严重、自然生态恶化、资源环境代价大等问题更是加大了我国经济发展的困难，在发展质量和效益上还不够理想。这种背景决定了我国的现代化进程是"后发型"的，现代化发展的目标首先需要定位在经济发展上。

然而，"后发型"国家城市现代化的发展总是首先追求物质财富的增长，强调利益与效率，以提高物质生活水平为目的。然而，人类长期以来的经济短缺现实以及人类对短缺的焦虑心理，导致增长与发展脱节，甚至以增长代替发展的思维定式和行为模式在城市经济领域的盛行。在一些城市的规划和发展中，片面地认为城市的可持续发展就是城市经济的不断增长，将环境污染和破坏、社会贫困等不可持续问题视为经济增长的必要成本。同时，以经济快速发展为特征的城市无序增长所带来的空间蔓延和机能不良等问题也阻碍着城市的可持续发展。

在发展经济和保护资源环境的双重目标下，作为"后发型"国家，我国的可持续发展在相当长的一个时期内，需要面临大力治理环境和加速发展经济的双重任务。在这个中国经济发展步入多元复合转型的重要战略机遇期，经济社会面临诸多矛盾叠加、风险隐患加剧，以习近平同志为核心的党中央提出"五位一体"的总体布局统筹推进经济建设、政治建设、文化建设、社会建设、生态文明建设。"五位一体"的总体布局是一个有机整体，其中经济建设是根本，政治建设是保证，文化建设是灵魂，社会建设是条件，生态文明建设是基础。坚持"五位一体"建设全面推进、协调发展，才能形成经济富裕、政治民主、文化繁荣、社会公平、生态良好的发展格局，把中国建设成为富强民主文明和谐的社会主义现代化国家。①

在奥运会与可持续城市互动共赢的新模式下举办2022年冬奥会，不仅需要在"五位一体"总体布局下促进经济社会的全面协调可持续发展，还需要使奥运环境规划与可存续环境相适应、奥运产业经济与绿色经济相协调、使奥运生活方式与和谐社会相契合。在这个基础上，实际就是要实现冬奥会促进城市环境、经济、社会三者的整合和协调。而事实上，我国"后发型"发展方式，又决定了北京、张家口在举办冬奥会过程中，难以脱离"发展"来谈"可持续"。

在城市"后发展"的背景下，北京延庆和张家口渴望通过举办2022年冬奥会这一"大事件"（Mage-Event）来吸引世界的关注，并获得更多的机会和资源，从而促进城市经济的增长。然而，冬奥会潜在的负面效应又给主办城市提出了可持续发展的新要求。发展冬奥经济，必须面对冬奥会建设运营影响环境、耗费资源，城市需求短期膨胀、城市间发展不均衡等不可持续问题；而一味保护生态环境、保证社会

---

① 国家行政学院经济学教研部.中国经济新方位［M］.北京：人民出版社，2017：9.

的绝对公平，又必然会抑制冬奥经济对城市发展的带动。现阶段处于"后发展"阶段的北京和张家口没有条件也不可能离开发展来谈论持续。因此，我国"后发型"发展方式和冬奥会与可持续城市互动共赢的新模式之间，也存在着加强环境保护与促进城市发展之间的矛盾。

发展和保护作为我国城市发展以及2022年冬奥会举办过程中的现实冲突，虽然不可回避，但却并非不能超越。实施可持续发展的前提，是要正确理解和处理环境保护和经济社会发展之间的关系，并且在局部和整体、短期效应和长期利益之间找到平衡点。

尽管2022年冬奥会存在着一定的生态环境破坏以及社会生活影响，但从长远的角度看，冬奥会的举办是有助于城市环境改善、经济增长和社会和谐的，北京和张家口在冬奥的筹备、举办过程中获得长远的利益，形成丰厚的遗产。而从整体的角度看，延庆、张家口等雪上项目场馆在设施新建过程中局部环境的改变以及对少数居民生活的影响将在冬奥带给城市、区域的整体发展中得到补偿，从而在更大的范围中感受到冬奥所带来的效益。

对"后发型"国家来说，提升综合国力、保持较快的速度发展经济、改善人民生活条件、满足人民日益增长的生活需求，是可持续发展的前提条件。只有当经济发展到一定的程度，人民生活水平得到提高，才有可能为可持续发展提供必要的能力和条件。在经济有所发展的基础上，还要做到资源环境的合理开发以及生态保护相协调。因此，无论是城市在实施自身可持续发展目标，还是通过举办奥运会实现城市可持续发展，都应该遵循在"发展"中实现"可持续"这一基本原则，并且在破解"可持续"和"发展"两难境地问题的过程中，以人的发展和需要作为统摄两者的最高标准和尺度。

二、可存续环境理念对北京冬奥会环境规划的影响

冬奥会的环境和设施规划并不仅仅是服务于一届奥运会,设计者有必要让奥运会的规划主动贴合主办城市的未来规划,把更多的注意力投放在赛事以外。[①] 因此,北京冬奥会环境规划在可存续环境理念影响下,使赛事环境治理转化为城市环境长期改善,将冬奥设施和城市自身发展的规划相结合,并且促使设施规划与环保措施形成环境遗产。

(一)赛事环境治理转化为城市环境长期改善

环境是2022年冬季奥运会以及北京、张家口、延庆三大赛区城市发展共同的问题。解决环境问题,发展可存续环境,也是2022年冬奥会以及城市发展共同的目标之一。2022年冬奥会《主办城市合同》规定了北京和张家口的详细义务,其中要求为运动员提供一个奥林匹克水准的赛事环境,并允许冬奥会计划与城市自身的运动、经济、社会和环境的长期规划需求相匹配。2022年冬奥会环境的改善,实际上也是城市可存续环境发展的重要内容。

作为首都和快速发展的超大城市,北京在对全国发挥强辐射力以及公共资源的集中和公共服务的优质吸引了大量人口流入。人口的急剧增长使得城市的承载能力和功能受到限制,北京也深受"大城市病"困扰,非首都功能过度聚集,造成资源、能源的短缺,交通拥堵严重,城市拥挤不堪,城市规模的扩张对生态环境产生了恶劣的影响。

早在2008年奥运会之时,北京就提出了"绿色奥运"理念,将可存续环境作为城市综合发展计划的催化剂。"绿色奥运"行动计划重点是将环境保护作为奥运建设的前提条件,制定严格的生态标准并保证

---

① 李铁北.浅谈奥运的长期影响:以悉尼城市规划为例[J].中国城市经济,2007(7):20-21.

实施，采用环保节能的技术和材料，促进环境相关产业的发展。有关部门努力提高公众对环境保护和环保消费的意识，并鼓励市民共同努力，使北京成为一个宜居城市。经过奥运前七年的努力，北京水资源管理、空气污染治理以及废物处理等方面得到了有效的改善，"绿色奥运"对人们的生活态度和生活方式产生了巨大的影响，无论对中国还是奥林匹克运动来说都是一个巨大的环境遗产。[1]

经历了"无与伦比"的2008年夏季奥运会的举办之后，第二次举办奥运会的北京已不再需要通过冬奥会的举办来证明自己的能力。由于2008年奥运会给北京遗留下来大量的场馆设施遗产，赛事相关的基础设施建设也并不需要大规模的新建和改造。北京冬奥组委坚持生态优先、资源节约、环境友好，最大程度利用2008年北京奥运会的场馆遗产及其他现有场馆和设施。[2] 在非首都核心功能疏散被视为北京城市工作重点的前提下，2022年的北京也在努力将冬奥环境设施与城市自身发展的规划相结合。

在环境方面，北京以创造冬奥会良好赛事环境为短期目标，将对赛事环境治理的决心转化为城市环境长期改善的契机，通过有效治理雾霾等问题形成可持续的城市环境这一长期目标。针对北京最突出的大气污染问题，在政策层面，北京市制定了《2018—2022年清洁空气行动计划》[3]，从宏观战略上对关乎赛事和民生的雾霾问题进行治理，使冬奥会成为空气质量改善的直接受益者。在对北京城市整体环境的改

---

[1] IOC Commission for Sport and Environment.Sustainability Through Sport［EB/OL］.（2012-04-10）［2016-11-01］.http：//www.Olympic.org/Documents/Commissions_PDF files/Sport And Environment/Sustainability_Through_Sport_2013.

[2] 北京2022年冬奥会和冬残奥会组织委员会.可持续·向未来：北京冬奥会可持续发展报告（赛前）［EB/OL］.中国政府网，2022-02-01.

[3] 8月6日市环保局总工程师于建华谈"清洁空气行动"［EB/OL］.北京市政门户网站，2015-08-07.

善目标下，政府在2017年9月出台了《北京城市总体规划（2016年—2035年）》，通过生态、环境的目标界定了首都城市发展的红线，也致力于冬奥会环境建设。在办好冬季奥运会的契机下，"坚持生态优先、资源节约、环境友好，重点围绕治气、治沙、治水，深入实施大气污染跨区域联防联控联治，实施严格的环境监管，持续改善京张地区空气质量；实施风沙源治理、平原造林、退耕还林等工程，加强交通廊道绿化美化；积极推进水源地保护、湿地保护、生态小流域治理等工程，保护好首都重要水源地和生态屏障"[1]。在空间布局方面、改善人居环境方面，以及非首都功能的疏解整治方面的生态建设都有望借助冬奥会这一外力来推动。

张家口则在打造可存续环境上大力实施清洁能源替代工程，全力打造低碳奥运专区，积极创造良好生产生活环境以及维护京津冀区域生态安全。水资源短缺的问题的解决，在赛事运行的过程以及赛事之外当地居民的生活生产中，都要强调节约水资源，以改善民众的行为方式，为冬奥会提供良好的环境支撑。张家口市在建设好"首都水源涵养功能区"的基础上，还加强水资源管控力度，不仅在水污染治理以及污染排放方面严抓严打，还从源头上治理水土流失、整治流域环境，从而达到涵养水源、净化水质的目的。借助冬奥会的契机，张家口在保护饮用水、清洁河流和湖泊、加强污水处理等方面得到技术和质量的提升。北京冬奥会造雪的水源都采用地表径流，张家口赛区建了25万立方米的蓄水池，用于人工造雪。同时，冬奥会采用了可以节水20%的先进造雪技术。在延庆和张家口两个赛区建设和运行过程中

---

[1] 北京市规划和国土资源管理委员会.北京城市总体规划（2016年—2035年）[EB/OL].北京市人民政府官方网站，2017-09-29.

<<< 第六章　奥运会与可持续城市互动共赢模式对2022年冬奥会及主办城市的影响

推动了地区水资源的可持续发展。[①] 与此同时，张家口赛区场地植被修复遵循"循序渐进、弹性利用、融为一体"思路，根据植物生长特点，循序渐进地恢复场地植物种植，逐渐延伸林地范围，利用场地植被恢复过程，弹性使用原有透水地面开展活动，最终临时场地通过生态修复和补偿重新融入大景观系统中。如密苑云顶公司对施工便道两边进行绿化，对山体边坡采用客土喷播植生混凝土的方式进行护坡及种草绿化。张家口赛区在开展生态修复的同时，在宜林荒山实现绿化全覆盖，在赛区内，尊重场地原有地形、植被，尽可能保留并利用现状植物，利用本地植被，强化林地的连续性与整体性，做到新增植被和原始林地融合为"原生态的大自然"[②]（见图6-1）。

图6-1　张家口市一座光伏发电站[③]

---

① 张金萍.最绿色的冬奥　最清洁的低碳：聚焦2022冬奥场馆建设中的绿色低碳实践[J].资源与人居环境，2022（3）：68-69.
② 北京2022年冬奥会和冬残奥会组织委员会.可持续·向未来：北京冬奥会可持续发展报告（赛前）[EB/OL].中国政府网，2022-02-01.
③ 北京2022年冬奥会和冬残奥会区域发展遗产报告（2022）[R].北京：北京2022年冬奥会和冬残奥会组织委员会，2022.

141

面对潜在的环境破坏问题，延庆秉持"绿色办奥"的要求，重点围绕周边生态完整性的维护，加强赛区环境的保护和污染防控，提升环保意识，把绿色发展理念融入与举办工作全过程。北京冬奥组委分别于2018年4月、2018年8月、2020年1月制定了规划设计、建设、运行和赛后利用三个阶段的《场馆和基础设施可持续性指南》（以下简称《场馆可持续性指南》），从环境保护、资源节约、社会可持续等方面，对野生动植物保护、水土保持、固体废物管理、可持续采购、智慧工地等方面提出了具体要求，保障北京冬奥会场馆规划、设计、建设、运行和赛后利用全生命周期，严格遵循绿色建筑标准，使用最新低碳技术，应用清洁和可再生能源、节能节水设备、高效外保温和高性能门窗以及一些先进的超低能耗建筑技术等，最大限度节约资源，减少污染，保护环境，打造健康、高效并与自然和谐共生的冬奥场馆。[①]由于区域生态的整体性，赛区内部在施工前做好充分的环境承载力评价，对自然水系、生态多样性进行调查摸底，对于植物的移植以及野生动物的招引都遵循科学和可持续的原则，有针对性地开展保护工作。在施工中遵循绿色环保的原则，建立健全完整的绿色施工体系，采用绿色的建设标准，使用符合可持续管理要求的环保材料，把绿色施工贯穿整个工程的始终。施工同时也注重生态修复措施的匹配，对植被、野生动物及栖息地以及溪流等水源地进行恢复和改善，尽可能保持区域原有的自然状态，并保证生态的完整性。面对突发性污染等紧急事务的处理，施工方也充分做好预案，展现出环境保护管理的技术和水平。

在植物保护方面，北京冬奥会采用就地、近地、迁地方式，保护

[①] 北京2022年冬奥会和冬残奥会组织委员会.可持续·向未来：北京冬奥会可持续发展报告（赛前）[EB/OL]. 中国政府网，2022-02-01.

延庆赛区植物。在赛区内建设就地保护小区，保护不能移植的树木；建成2个近地保护小区，对难以远距离迁移的，较为珍惜的1.1万余棵灌草以及数以百计的乔木进行近地保护，短距离移植；建成300亩左右的迁地保护基地，保护了从赛区山地移植的2.4万余株乔木，通过科学施工以及精细化管护，使移植成活率达90.7%。

在动物保护方面，为补偿场馆建设对野生动物的影响，延庆赛区还建立了11座野生动物通道；在赛区周边布设了约600个人工鸟巢，入住率接近50%，有效改善了赛区鸟类生存环境；采取冬季投食、维护野生动物栖息地等措施保护赛区动物，努力恢复野生动物原有的栖息环境。

在土壤保护方面，针对延庆赛区表土非常薄的情况进行了有效的生态恢复。山区苗土是一种宝贵的自然资源，蕴含着丰富的种子库。在工程开始前，建设者开展了近一年的表土剥离和收集工作，共剥离了8.1万立方米表土，第二年春天再将这些土回铺到赛区里，更好地保护了赛区土壤里珍贵的种子资源，也成为赛区恢复原有生态的关键因素。[①]

（二）冬奥设施和城市自身发展的规划相结合

冰雪运动是在天然或人工的冰上和雪上进行的体育运动，天气对于冰雪赛事的举办有着重大的影响。气候变暖造成的冰雪融化以及过冷导致的降雪减少都会影响赛场的雪量和雪质。而雪场建设对于山体条件及地形要求极高。雪道的选址和修建需要勘察适宜的地形地貌，对面积、长度、宽度和坡度等有着极高要求，同时还涉及当地森林植被、物种条件。而供赛事运行的电力供应、排水系统、缆车运力系统，

---

① 张金萍.最绿色的冬奥 最清洁的低碳：聚焦2022冬奥场馆建设中的绿色低碳实践［J］.资源与人居环境，2022（3）：68-69.

游客接待系统、交通设施等也需要充分满足，更加剧了对适宜地理位置的需求。由于冰雪运动自身的时空局限，在利用好有限的冰雪资源与保护生态环境之间取得平衡成为举办冬奥会的重要原则。

在设施方面，北京积极运用现有的场馆设施，这不仅是对2008年奥运遗产的有效继承，也是避免盲目建设、降低环境污染破坏的有效措施，在需要新建的规划中，将冬奥设施和城市自身发展的规划相结合。

与冬奥会赛事环境相关的场馆、交通配套等硬件设施的规划、建设以及赛后的有效利用直接关系着城市的可持续发展，北京冬奥会在这个层面上也做了相应的努力。冬奥会的场馆规划对2008年北京奥运会的场馆遗产进行最大程度的继承，北京、延庆、张家口三个赛区共计划使用25个场馆，其中包括12个竞赛场馆。大量使用现有场馆，在新建场馆中，充分考虑临时场馆的建设，不仅将场馆规划设计与城市规划相结合，并且场馆的赛后利用也与可持续城市的发展结合起来。

1. 北京赛区

北京赛区所使用的12个场馆中，进行滑冰、冰球、冰壶的比赛。其中共有8个场馆为现有场馆，且均为有着较高使用率的2008年奥运会遗产，在赛后恢复原有功能。国家体育场举办冬奥会及冬残奥会的开、闭幕式，国家游泳中心进行冰壶及轮椅冰壶项目的比赛，国家体育馆进行男子冰球及冰橇冰球项目的比赛，五棵松体育中心进行女子冰球项目的比赛，首都体育馆则进行短道速滑及花样滑冰项目的比赛。共有7个场馆奥林匹克公园作为2008年奥运会遗产再次成为冬奥会的核心区域。新建国家速滑馆，为北京竞赛区唯一新建的竞赛场馆，位于2008年奥运会临时场馆曲棍球场和棒球场的原址，将场地空间再次利用，赛后国家速滑馆作为四季运营的冰上中心供各大赛事及普通市民使用。新建奥运村位于奥体中心南侧，属于既定住宅项目，赛后将进行销售。新建首体短道速滑馆为训练场馆，赛后供短道速滑国家队训练使用。北京赛区的颁奖广场建于水立方与鸟巢之间，作为临时场馆，赛后对搭建的舞台座椅等进行拆除，恢复原貌（见表6-1）。

表6-1 2022年冬奥会北京赛区场馆信息

赛区	场馆名称	用途	场馆类型	赛后规划
北京	国家体育场	开、闭幕式	现有	恢复原有功能
	国家游泳中心	冰壶比赛	现有	恢复原有功能
	国家体育馆	冰球比赛（男子）	现有	恢复原有功能
	五棵松体育中心	冰球比赛（女子）	现有	恢复原有功能
	首都体育馆	滑冰比赛（短道速滑、花样滑冰）	现有	恢复原有功能
	国家速滑馆	滑冰比赛（速度滑冰）	新建	四季运营，赛事、群众使用
	首都滑冰馆	训练	现有	恢复原有功能
	首体综合馆	训练	现有	恢复原有功能
	首体短道速滑馆	训练	新建	国家队训练使用
	国家会议中心	主新闻中心（MPC）、国际广播中心（IBC）	现有	恢复原有功能
	北京奥运村	为代表团提供住宿、餐饮服务	新建	商业住宅销售
	北京颁奖广场	北京赛区比赛颁奖	临时	拆除

资料来源：北京冬奥申委2022年冬奥会《申办报告》。

除了场馆充分利用现有场馆和临时设施外，北京2022年冬奥组委办公区也遵循可持续利用的原则。北京冬奥组委办公地点位于首钢工业园区，是由炼铁原料区改造而成的工业遗存项目，不仅在最大程度上保留了首钢原有的筒仓建筑风貌，还在节能、节水、建材选用等方面都考虑到了绿色、生态的要求，形成一个融创意办公、配套商业为一体的综合体，成为老城区工业遗存可持续利用的典范。首钢园区作为百年钢铁企业的厂区，从服务保障奥运、落实国家钢铁产业转型升级战略和首都城市战略定位要求出发，实施整体搬迁调整，以北京冬奥组委入驻和首钢滑雪大跳台的建设为契机，将工业遗产再利用与北京冬奥会筹办紧密结合，着力推进"四个复兴"，建设北京冬季奥林匹克公园，打造新时代首都城市复兴新地标（见图6-2）。

图6-2　首钢滑雪大跳台[①]

北京赛区的国家速滑馆赛后将常年举办各种冰上赛事，广泛开展群众冰雪运动，成为北京市民参与体育运动的多功能冰上中心。首钢

---

①　北京2022年冬奥会和冬残奥会区域发展遗产报告（2022）[R]. 北京：北京2022年冬奥会和冬残奥会组织委员会，2022.

<<< 第六章　奥运会与可持续城市互动共赢模式对2022年冬奥会及主办城市的影响

滑雪大跳台成为世界首例永久保留和使用的滑雪大跳台场地，赛后将承办国内外高水平冰雪赛事，开展大众冰雪体验和极限运动，结合工业遗存开展各类文化活动，成为北京冬季奥林匹克公园新地标。①

2. 延庆赛区

延庆赛区进行高山滑雪和雪车雪橇的比赛，使用5个场馆均为新建场馆，其中包含2个临时场馆。新建的国家高山滑雪中心和国家雪车雪橇中心因项目特点对山体条件要求极高，赛道专业性极强，因此在赛后均扩改建大众滑雪区，国家高山滑雪中心还增设滑雪运动学校和亲子乐园。新建奥运村按照度假酒店模式建设，赛后进行旅游产业的开发。山地媒体中心为新建临时场馆，赛后进行改建（见表6-2）。

表6-2　2022年冬奥会延庆赛区场馆信息

赛区	场馆名称	用途	场馆类型	赛后规划
延庆	国家高山滑雪中心	高山滑雪比赛	新建	专业训练、扩建大众滑雪区、增设滑雪运动学校和亲子乐园
	国家雪车雪橇中心	雪橇比赛、雪车比赛	新建	专业训练、扩建大众滑雪区
	延庆奥运村	为代表团提供住宿、餐饮服务	新建	度假酒店经营
	山地媒体中心	提供媒体服务	临时	改建
	颁奖广场	延庆赛区比赛颁奖	临时	拆除

资料来源：北京冬奥申委2022年冬奥会《申办报告》。

为了冬奥会与地方可持续发展的协调，相关部门在赛区规划时就

---

① 北京2022年冬奥会和冬残奥会区域发展遗产报告（2022）[R]. 北京：北京2022年冬奥会和冬残奥会组织委员会，2022.

已经对与延庆赛区毗邻的松山国家级自然保护区的范围进行了调整，在将保护区外2655.8公顷具有重要保护价值区域划入保护区的同时，将原保护区的1102.84公顷区域调出，调整后保护区面积增加了三成，总面积达到6122.96公顷[①]，以此避免冬奥赛场修建破坏自然保护区的生态环境，影响地方生产和生活的可持续发展。

延庆赛区的国家高山滑雪中心，赛后雪季将继续举办高山滑雪赛事，为专业滑雪队提供训练场地，向高级别大众滑雪爱好者开放。非雪季开展山地观光和户外运动，实现四季运营。国家雪车雪橇中心，赛后将继续作为比赛和训练场地，承接和举办各类高级别相关赛事，开设大众体验项目，打造兼具大型赛事举办与大众休闲体验双重属性的特色场馆。这些奥运场馆已经成为北京重要的体育、文化和国际交往交汇地、首都发展的新地标[②]（见图6-3）。

图6-3　国家高山滑雪中心[③]

[①] 李婷婷. 延庆副县长：冬奥赛场不在小海坨山自然保护区内[EB/OL]. 新华网, 2015-08-07.
[②] 北京2022年冬奥会和冬残奥会区域发展遗产报告（2022）[R]. 北京：北京2022年冬奥会和冬残奥会组织委员会, 2022.
[③] 北京2022年冬奥会和冬残奥会区域发展遗产报告（2022）[R]. 北京：北京2022年冬奥会和冬残奥会组织委员会, 2022.

3. 张家口赛区

张家口赛区8个场馆中，云顶滑雪公园场地A、B是两个现有场馆，承担单板滑雪、自由式滑雪、冬季两项、跳台滑雪四项比赛，由云顶滑雪场改造而成，雪道、索道、酒店及基础设施均为现有，需临时搭建观众席及其他比赛相关附属设施，赛后拆除恢复。新建北欧中心跳台滑雪场、冬季两项中心赛后供国家队训练使用。新建越野滑雪场赛后改建为体育公园，因此大部分设施为临时设施建设。媒体中心计划除利用云顶酒店现有的会议区之外，还在附近搭建配套临时设施，赛后拆除恢复。颁奖广场在崇礼区冰雪广场临时搭建，赛后恢复为市民使用（见表6-3）。

表6-3 2022年冬奥会张家口赛区场馆信息

赛区	场馆名称	用途	场馆类型	赛后规划
张家口	云顶滑雪公园场地A	自由式滑雪比赛、单板滑雪比赛	现有	恢复原有功能
	云顶滑雪公园场地B	跳台滑雪比赛	现有	恢复原有功能
	冬季两项中心	冬季两项比赛	新建	专业赛事和训练推广
	北欧中心跳台滑雪场	北欧两项比赛	新建	专业赛事和训练推广
	北欧中心越野滑雪场	跳台滑雪比赛	新建/临时	改建为体育公园
	张家口奥运村	为代表团提供住宿、餐饮服务	新建	改建冰雪特色旅游小镇
	山地媒体中心	提供媒体服务	现有/临时	拆除、恢复
	颁奖广场	张家口赛区比赛颁奖	临时	拆除

资料来源：北京冬奥申委2022年冬奥会《申办报告》。

国家速滑馆在未建时便考虑到选址问题，在选址上既要保证赛后场馆利用的问题，又要保证与奥运村的距离不能太远以免对运动员调整比赛状态造成影响。最终将国家速滑馆的选址定在了地理位置优越、在赛后可以与北京奥林匹克森林公园、北京奥林匹克公园联动的地方，共同满足广大人民群众多样的体育需求。张家口赛区新建的3个体育场馆有助于张家口地区进行产业结构调整以及城市的整体品牌建设，与张家口城市长期发展规划相契合。[①]

为了举办一届绿色的冬奥会，立足于"首都水源涵养功能区"定位的张家口积极改善赛区环境，在城区周边山体、奥运赛场周围、高速公路沿线等重要地段，大力开展植树造林工程，采取合作造林、租地造林、承包造林、股份造林、社会造林等多种模式，抓好奥运廊道、城市绿核、"三网""三沿"等核心区域的绿化（见图6-4）。

图6-4 张家口崇礼奥林匹克公园[②]

[①] 姚小林.2002—2022年：冬奥会举办城市体育场馆规划发展趋势[J].武汉体育学院学报，2016，50（3）：35-41.

[②] 北京2022年冬奥会和冬残奥会区域发展遗产报告（2022）[R]．北京：北京2022年冬奥会和冬残奥会组织委员会，2022.

（三）将设施规划与环保措施形成环境遗产

巴西学者 DaCosta 认为，无论时空上其是有形的交付，还是无形的影响，奥运遗产是一个有计划的长期干预过程，旨在为主办城市或区域协办城市构建一个可持续发展的整体环境。[1]

冬奥会是环境与城市和谐发展的一个实践展示平台，能有效促进环保问题的解决，2006年都灵冬奥会在这一领域做出了表率。从申办之初，都灵在奥运可持续发展计划中就将生态环境保护摆在了重要位置，2001年6月都灵奥组委成立了专门的环境部，出台了《可持续性交通运输计划》《水资源计划》《自然风险预防计划》《废石土处理计划》《环境景观保护计划》等一系列环境与可持续发展计划，并拟定了《奥运村和媒体村建设的环保指南》以规范赛场建设阶段的一系列环保行为。都灵冬奥会还设置了专门的环境监控机制，对包括空气质量、地形地貌、土地利用、水资源循环、垃圾处理、景观环境在内的16个指标进行检测，并进行数据的处理和分析，以判断和评估项目实施过程中是否产生对生态环境不利的影响。都灵开发的环境管理系统第一次在奥运会上获得ISO14001环境管理认证以及欧盟生态管理与审核计划的注册。这些举措在后续的冬奥会中得到了肯定和更新。

实际上，2008年北京奥运会也采取了一系列环境治理措施，取得了一定的成果。为了解决空气污染问题，2008年奥运会前北京采取了200项措施解决污染问题。超过30万辆高排放车辆以及1.1万辆公交车被取代或废弃，污染企业搬迁，超过6万个家庭的供暖从以煤为燃料向更清洁的天然气转换，而在北京的主要热电站采取了脱硫、氮氧化物减排和尘埃控制措施。为了确保这些措施能够发挥作用，北京市政府

---

[1] DACOSTA L. Miragaya A.Future Mega-Event Cities with Olympic Legacies [M] // 任海，达科斯塔，米拉加娅，等.奥林匹克研究读本·第二卷.北京：北京体育大学出版社，2016：3-28.

建立了采样监测站，监测二氧化硫、一氧化碳、二氧化氮和颗粒物的浓度。到2008年，污染物浓度下降了12%~33%。此外，北京还通过种植防护林带和创新的草地修复工程来减少沙尘暴的影响，并且建造了2.5万公顷的绿色走廊和防护林，以及1.26万公顷的城市绿化带。这使得城市总绿化面积增加了43%，人均绿地面积也有所增长。除了改善空气质量外，在奥运会召开前的7年里，这些措施还帮助吸收了1640万吨二氧化碳[①]，环境保护措施卓有成效。

然而，在2008年奥运会结束后的几年间，随着机动车数量的暴增，北京空气质量大幅下降，多次启动空气重污染橙色预警，雾霾不仅严重影响了人们的生产生活，还在一定程度上引起了城市居民的焦虑和担忧。在2022年冬奥会申办评估报告中，国际奥委会对冬奥期间的空气质量也不无忧虑。其中一个重要的原因，就是在2008年奥运会后，人们放松了对环境的保护和治理，未将奥运期间治理环境的措施作为遗产有效地保护和利用。

环境污染治理的长期性要求2022年的北京冬奥会不仅需要挖掘和继承2008年奥运环境遗产，还要在环境治理方面提出新的举措，为奥运环境留下新的遗产。北京也有必要对冬奥会筹办和举办过程中的设施规划与环保措施进行总结，并将这些规划和措施作为奥运会与主办城市环境协调发展的典范，为其他城市"大事件"（Mega-Events）环境建设和治理提供良好的解决方案。

在赛场建设方面，冬奥组委会采取一系列措施避免环境破坏，包括在规划阶段对赛区生态环境进行评估，在建设过程中，还会对建筑工地进行定期的审查，对废弃物处置、水资源的回收利用，以及碳排

---

① IOC Commission for Sport and Environment.Sustainability Through Sport［EB/OL］.（2012-04-10）［2016-11-01］.http：//www.Olympic.org/Documents/Com-missions _ PDF files/Sport And Environment / Sustainability _Through_Sport_2013.

<<< 第六章 奥运会与可持续城市互动共赢模式对2022年冬奥会及主办城市的影响

放等方面严格管理。冬奥会还是新能源和可再生材料广泛应用的试验田。冬奥会在临时场馆以及固定场馆装饰的搭建中，对于建筑材料的挑选也要求符合环保标准，严格遵循绿色采购政策，对于可回收的材料进行重复利用，并在奥运设施中大量使用太阳能取暖、雨水排水系统环保制冷剂等环保装置。这些措施都将在赛后成为城市建设的可持续发展典范，在保存和继承的基础上，应用到城市建设的方方面面。

北京和张家口现有的城市规划也与冬奥会环境规划有着时间和内容上的结合点。2015年8月20日，习近平总书记针对冬季奥运会筹办工作提出了坚持"绿色办奥"这一要求，要把"提升全社会环保意识，加强环境治理和污染防控，把绿色发展理念贯穿筹办工作始终"[1]。"绿色办奥"一方面是对2008年"绿色奥运"遗产的继承，另一方面也是将冬奥会与十八届五中全会提出的"坚持绿色发展，推进美丽中国建设"目标接轨，更是对北京申冬奥时提出的"可持续发展"理念的具体表述以及进一步重申，在改善赛区环境的同时也融入城市环境可持续发展的目标中。2017年9月《北京城市总体规划（2016年—2035年）》提出北京的发展目标是建设国际一流的和谐宜居之都。2022年冬奥会筹办期间，恰逢北京城市总体规划的第一阶段即到2020年目标的实现阶段，冬奥会城市环境遗产的规划也应与城市自身规划中关于环境的目标——"生态环境质量总体改善，生产方式和生活方式的绿色低碳水平进一步提升"相契合。而张家口市2017年出台《张家口市主城区生态修复城市修补试点工作实施方案》，计划到2022年实现生态修复和城市修补的"城市双修"，这也为2022年冬奥会与城市可持续发展互动共赢提供了政策支持。这些规划方案在奥运结束后都成了城市规划结

---

[1] 王浩宇，苏斌.绿色办冬奥会，践行美丽中国建设[EB/OL].新华社，2015-11-30.

合包括奥运会在内的"大事件"环境建设和治理的有益经验。

北京冬奥会还积极开展环境保护的宣传教育，引导奥运参与者关注自然环境，并且面向中小学开展环境教育工作，以引起青少年和广大市民对环境和可持续发展问题的关注和重视，间接影响人们的环境观念和行为的改善。冬奥会在不同国家、不同城市的巡回举办，使其环保技术和价值观的示范效应不断放大，四年一届的展示周期又使得环保理念得到高潮性的提升和强化，具体的环保措施也得到有针对性的探索和实践。2018年平昌冬奥会在赛前实施"冬季梦想计划"，由韩国教育部、江原道自然科学研究所和韩国气候变化应对研究中心联合出版了《2018平昌冬奥会环境之旅》，对来自44个国家的175名青年进行了冬季运动环境教育。教育部还组织了"职业巴士"项目，邀请来自不同领域的导师向农村地区的中学生介绍他们的工作，内容包括可持续发展教育。组委会也通过培训、研讨会、讲座等方式对工作人员进行环境教育。[1]这些措施都有必要在"开放办奥"的理念下学习和借鉴。

在具体的环境遗产规划管理中，北京冬奥组委除了在奥组委设置遗产部门外，赛后仍然可以效仿温哥华2010 Legacies Now、伦敦遗产开发集团（LLDC）等设立环境设施遗产的专门管理机构对遗产进行规划、管理和有效利用，并培养一批专业的遗产管理人才，对2022年冬奥会遗产进行管理[2]，并为遗产的创造、保护、传承提供保障，从而强化遗产对居民的积极影响，并与政府规划部门、场馆运营团队积极合作，推动冬奥环境遗产的落实和运转。

---

[1] Pyeongchang 2018 Olympic and Paralympic Winter Games Sustainability Interim Report [R]. PyeongChang 2018，2017.

[2] 孙葆丽，宋晨翔，杜颖，等.温哥华冬奥会遗产工作研究及启示 [J]. 北京体育大学学报，2017，40（10）：1-8.

三、绿色经济理念对北京冬奥会产业经济的影响

冬奥会对于城市产业经济发展有着重要的助推作用,绿色经济理念对北京冬奥会产业经济的影响主要包括实践绿色、节俭的办奥理念,促进城市产业发展的绿色转型,以及推动城市经济绿色增长。

(一)实践"四个办奥"理念的要求

膨胀的赛事需求需要耗费大量的人力物力资源,并且冬奥会的经济效益容易被高估。冬奥会"营销型"的城市增长模式在"集中力量办大事"的思路下能有效实现短期内的奥运目标,但是庞大的赛事规模带来的需求膨胀极有可能加重城市发展的压力,所造成的"功利性"盲目低效扩张、重复建设等,不仅难以充分发挥城市的整体功能,还给城市留下难以摆脱的负担。如果在短期内没有新增的需求,奥运的经济推动作用将很快失去动力。[1]在突出举办奥运会所内含的政治意义获取表面繁荣的同时,主办城市也极有可能忽视潜在的经济和社会问题。

对奥林匹克运动自身而言,接地气的奥运会才是大部分国家和城市愿意办、也办得起的国际盛会,由此摆脱奥运会因花费高昂而无人问津的局面,使更多不那么发达的国家和城市能享受到奥林匹克运动的魅力,以及奥运会给城市和国家带来的加速发展。因此,可持续发展的理念必须始终贯穿于奥运会的筹备与建设之中。[2]在申冬奥成功后,习近平总书记提出了"绿色、共享、开放、廉洁"的办奥理念,可持续城市绿色经济与这四大办奥理念有着同样的目标。2022年冬奥会也在积极贯彻这四大办奥理念,将绿色经济理念渗透在投资、采购、供应以及就业岗位提供等方面。

---

[1] 普鲁斯.奥运经济学[M].黄文卉,编译.北京:北京体育大学出版社,2008:221.
[2] 顾宗培.奥运建设对主办城市发展的影响[J].建筑师,2008(3):37-41.

北京冬奥会在申办之初就提出了"节俭办赛"的理念，与绿色经济和"四个办奥"理念相呼应。在申办报告中，关于2022年冬奥会赛事编制预算花费约为15.6亿美元，政府补贴占6%；包括竞赛场馆和非竞赛场馆在内的场馆建设预算，约为15.1亿美元，其中有65%源于社会投资。节俭办赛的重要目的就是绿色经济可持续发展。

历届奥运会上采取的绿色经济举措都是冬奥会"绿色办奥"的重要经验。深受经济危机掣肘的2016年里约奥运会，为举办一届绿色、节俭的奥运会做了表率。首先是下决心把50亿美元的奥运会经费砍掉5%~20%，并在场馆建设方面，里约奥运会遵循三大基本原则：创造奥运遗产，负责任地使用公共资金，按时完成场馆施工并确保场馆不变成"白象"。为节省成本，开闭幕式和田径比赛均使用现有场馆；由于经费压缩，水上运动中心不再搭建顶棚，全露天使用；为了减少维护经费，手球等临时场馆赛后在临近比赛开始才完成搭建，并且和皮划艇激流回旋等临时场地一样，都将进行拆除或移位再利用，重新搭建成小型体育设施和休闲公园。在赛事运行方面，里约奥运会闭幕式主场馆马拉卡纳体育场裁掉3/4的员工，运动员公寓中不再配备电视；办公场所力争推行"无纸化办公"，以减少打印机数量，媒体中心的班车数量和运载次数也降低，往届奥运会上为记者免费提供的饮用水和可乐也相应取消；原定招募的7万名志愿者削减至5万名左右，并且不再提供住宿；原计划为贵宾准备的精美菜肴由本土特色食品取代，奥林匹克大家庭贵宾接待流程也相应简化，呈现出低调务实的风格。在体育展示方面，预算上亿美元的奥运会开幕式也随着经费的不断削减降低到2100万美元。为开源节流，开幕式取消了包括升降舞台和可飞行设备在内的炫酷表演方式，极尽节俭，但里约奥运会开幕式呈现出生态环境保护、多元文化融合的主题却依然深入人心，展现了绿色、开放、包容的可持续发展内涵，为世界观众赞不绝口。没有夺人耳目的高科技含量，没有华丽和耀眼的舞美设计，也没有天价出场费的演艺人员，里约奥运会开幕式依然用创意弥补了经费的不足。

在北京冬奥会场馆建设引资中，由于冬奥产业和需求的庞大，光靠政府资本投入显然负担过重。北京赛区国家速滑馆以及延庆赛区奥运村、山地媒体中心项目首次采用政府和社会资本合作（PPP）模式创新冬奥会投融资模式。其中，国家速滑馆是此次冬奥会北京赛区唯一新建的场馆，其运作模式为BOT（建设—运营—移交），由北京国资公司作为政府出资方代表占总投资的49%，首开股份、北京城建集团、北京住总集团和华体集团作为社会资本联合体占总投资额的51%，共同投资组建"北京国家速滑馆经营有限责任公司"作为国家速滑馆的建设运营方。而延庆赛区奥运村、山地媒体中心以及整个核心区的赛后改造运营将采用BOO（建设—拥有—运营）+ROT（改建—运营—移交）的运作模式。这一举措一方面是对2022年冬奥会在解决场馆设施建设和运营方面新型投融资模式上的探索，服务于赛事本身，符合我国"绿色办奥"的要求；另一方面也让社会资本参与到冬奥会的筹办中来，共享冬奥成果，借此引进先进的技术和科学的管理，体现"开放办奥"和"共享办奥"的理念，为城市发展中融资问题的解决提供重要经验。

在赛事采购、供应链管理方面，符合绿色经济理念的北京冬奥会需要选择绿色环保、低碳节能的产品，遵循可持续发展原则。北京冬奥会修订了专门的奥组委可持续采购指南，明确可持续采购和供应的标准和程序，并且在过程中遵循信息公开以及反腐败的要求，实现"廉洁办奥"的要求。这一举措借助冬奥平台，引领城市领域绿色和可持续的公共采购，对于普通民众的绿色、低碳、环保的可持续消费方式也起到重要的示范引导作用。赛区内场馆聚集可以有效节约赛事成本。转播车等昂贵的设施在相近的区域可以实现方便的调度和高效利用，笨重而又复杂的安保设施在同一集中区域又可以减少设置，同时降低程序烦琐的安保过程所要耗费的人力和时间。另外，场馆聚集对于观众、媒体以及组织者在同一赛区不同场馆间的转换也是极其便利的，有益于赛事组织等方面的良好运行。最重要的是聚集的场馆为赛后的可持续利用提供了极大的便利。

首先，北京冬奥会也为公众参与、体验绿色低碳消费活动提供便捷条件。如投入运行新能源公交、建设骑行车道、于商场设立绿色消费讲解咨询处等。其次，让企业、群众切身体会绿色消费带来的益处。如张家口制定了"容积率奖励""财政资金补助"等十项激励措施，鼓励房地产开发企业建设绿色建筑。最后，注重推动居民、企业绿色消费行动与区域产业发展联动。如居民生态旅游消费和区域旅游产业的发展联动，企业绿色能源消费与清洁能源产业的发展联动等。[1]

在坚持习近平总书记提出的"廉洁办奥"这一要求下，建立健全规章制度，加强财务管理和监督审计，确保实现"节俭奥运、廉洁奥运、阳光奥运"，并且"坚持节约原则，不搞铺张奢华，不搞重复建设"。[2] 北京冬奥会在场馆规划中大量使用现有场馆，并且新建可拆除恢复的临时场馆，通过国际租赁的形式降低滑雪场看台等临时设施的成本，实现经费和资源的节省。一届节约的冬奥会不仅直接实现降低成本的目的，而且对赛后的可持续利用、赛事的可持续发展都有着深远的影响。对于赛场设施全部新建，延庆赛区需坚持廉洁办奥，探索

---

[1] 杨三军，吴庆坡，叶茂盛. 北京冬奥会经济效益和生态效益协同发展研究[J]. 体育文化导刊，2023（8）：29-36.

[2] 习近平对办好北京冬奥会作出重要指示[N]. 人民日报，2015-11-25（1）.

可持续的节约办会模式。北京冬奥会在规划中提前考虑到新建的场馆和城市基础设施赛后的有效利用，使冬奥遗产与地区长期发展规划和目标相协调。在冬奥会筹办过程中还通过严格控制成本，强化过程监督，避免腐败现象的发生，使冬奥会像冰雪一样纯洁干净。同时还在规划和建设中避免重复建设和奢华浪费现象，实现资源的有效节约。更要规避赛场建设过程对当地居民的负面影响，以及充分考虑赛后设施与居民生活脱节这一不利因素，从场地设计阶段就规划好后期运营和利用的方方面面，确保当地居民生产、生活与赛事基础设施的有效融合，以及利用冬奥会经济拉动这一地区的经济增长和产业升级。另外，为了全力支持冬奥会这一国际任务的举办、吸引全球的资本和目光，延庆在发展冬奥经济时，环境、经济、社会层面都遵循可持续发展的原则，避免过度消耗城市长期发展所需要的宝贵资源。

（二）促进产业发展绿色转型

国际奥委会认为，体育对联合国《2030年可持续发展议程》中经济可持续发展目标的促进，主要体现在"促进包容性和可持续的经济增长、就业和人人有体面的工作"（目标8），以及"确保可持续的消费和生产模式"（目标12）上。一方面体育正日益成为经济的重要组成部分，从体育组织工作人员到体育基础设施建设的建筑工人都是就业的重要来源。通过实施负责任的做法，体育也可以成为体面工作条件的推动者。另一方面体育活动为提高公众认识到负责任的消费和设计习惯的可行性和益处提供了理想的机会，并让所有运动员和更广泛的公众参与具体的可持续行动。

2022年冬季奥运会对绿色经济理念的引导，主要是通过奥林匹克运动蕴含的包括价值观在内的文化思想，间接引导城市经济发展式向绿色、低碳、循环经济转变，对城市经济中高生态投入的不可持续发展观进行重构。将2022年冬奥会作为北京、张家口产业转型的契机，是冬奥会与主办城市产业经济互动共赢、绿色发展的有效实践。利用冬奥会所引发的需求，有助于改变主办城市的产业结构，形成促进未来经济持续发展的机制，如加速涵盖赛事、培训、旅游、装备等在内的冰雪产业发展，加速由传统能源行业转向可再生能源行业的环保产业发展，并且增加本土企业的活力。

对北京而言，冬奥会契机下冰雪运动的开展和普及将直接带动冰雪产业的发展。目前北京第三产业比重达76.9%，产业结构已经比较合理，冰雪产业发展的直接作用就是促进体育产业的发展，成为新的经济增长点。北京市冰雪竞赛表演、冰雪健身休闲、冰雪培训、冰雪会展、冰雪装备等行业的发展建设在申冬奥成功之后已经有了长足的进步，滑冰场、滑雪场以及冰雪运动俱乐部等经营单位及资源也得到了有效的利用和协调。北京市还应积极鼓励和引导社会资本参与冰雪产业的投资以及体育场馆设施的运营，并支持群众性以及公益性的健身服务体系及体育比赛等。由于装备的专业以及场地的特殊等原因，冰雪运动在世界范围内都属于高消费的体育项目，北京市民强劲的消费能力也极大地推动了冰雪产业的发展，冰雪消费人口每年以10%以上的速度增长。北京市体育局局长孙学才曾在2016国际冬季运动（北京）博览会上表示，到冬奥会举办时北京冰雪体育产业的规模将达到400亿元人民币，实现增加值80亿元左右。[1]

在冬奥会引领未来产业规划上，北京延庆区将着力于发展休闲度假行业，打造"冰雪"名片，已形成"一轴两翼"的产业空间布局。"一

---

[1] 王笑笑，李如意. 到2022年北京冰雪产业规模将达400亿 [EB/OL]. 中国网，2016-10-20.

<<< 第六章　奥运会与可持续城市互动共赢模式对2022年冬奥会及主办城市的影响

轴"是以妫水河为主轴的冰上休闲娱乐,"两翼"分别是以奥林匹克冰雪小镇为中心串联海坨山冰雪旅游文化产业带,以及以长城休闲文化古镇为中心串联八达岭滑雪旅游产业带。在冰雪旅游方面,龙庆峡冰灯节品牌、冰雪商业街、冬奥冰雪休闲小镇都是延庆着力打造的项目。顶级冰雪基地以及夏季户外运动基地的建设、冰雪专业学校和培训学校的引进也是延庆培育冰雪消费市场的重要内容。冬奥会后,延庆有望成为集休闲、娱乐、旅游、教育于一体的国际冰雪城。延庆还把握北京冬奥会机遇,根据自身生态优势,打造"东部山水康养、中部生态体验、南部长城文化、北部冬奥冰雪"四大板块的全域旅游发展格局,成功实现旅游产业与生态环境保护共赢发展,将冰天雪地、绿水青山源源不断地转化为金山银山[①](见图6-5)。

图6-5　延庆百里山水画廊景区[②]

[①] 杨三军,吴庆坡,叶茂盛.北京冬奥会经济效益和生态效益协同发展研究[J].体育文化导刊,2023(8):29-36.

[②] 北京2022年冬奥会和冬残奥会区域发展遗产报告(2022)[R].北京:北京2022年冬奥会和冬残奥会组织委员会,2022.

161

张家口赛区在申冬奥成功以后，伴随着城市知名度在国际范围的提升，当地冰雪旅游业得到了突飞猛进的发展，现有的滑雪场馆形成了有集聚效应的休闲娱乐区域。作为冬奥会雪上项目比赛场地的张家口崇礼区将整体规划建设"冰雪小镇"，培育冰雪运动产业的同时，努力建成国际知名的滑雪旅游胜地。在冬奥的契机下，通往几大滑雪场的余裕兴路在拓宽以后成为崇礼区的主干道，道路两侧遍布酒店、旅行社和雪具装备店，带有"雪"字招牌的饭馆、酒吧、咖啡厅也在附近新建的"酒吧一条街"密集起来。崇礼区旅游局数据显示，2023年至2024年雪季，被誉为"东方达沃斯"的崇礼共接待游客442.32万人次，实现旅游收入 52.56 亿元，分别同比增长 98.8% 和 100.5%，比2022—2023雪季翻了近一番。① 全县现在常住人口12.6万人，因滑雪产业带动就业的有2.7万人，全县117家宾馆中星级宾馆占了两成。② 不仅以冰雪产业为龙头的第三产业在崇礼得到了迅速发展，当地的基础设施、房地产业的发展也开始大幅度高速跃进。崇礼区内楼盘房价不断飙升，到2017年11月，房屋均价已由申办成功时的5000至7000元/平方米飞涨到2万元/平方米左右。主打冰雪主题的楼盘对应人们度假、投资的需要也日益高端化，个别楼盘价格达到4万元/平方米，不少楼盘开始推出别墅、洋房等户型。

对张家口市来说，冬奥会更是化解过剩产能、促进城市产业结构转型的重要契机。张家口在2020年年底实现建成"无矿市"的目标，关闭取缔市域范围内所有矿山企业，推动产业尽快向"高端、智能、绿

---

① 王伟宏. 2023—2024雪季崇礼接待游客数量和旅游综合收入再创新高［N］. 河北日报，2024-04-06（2）.

② 符遥，李明子. 雪道上的隐忧：崇礼：风口上的滑雪产业［J］. 中国新闻周刊，2018（3）：12-22.

色"方向转型升级，从而形成大生态、大旅游、大数据、大健康、新能源、新技术、高端制造的产业重新布局。[①]

张家口加速推动冰雪装备产业发展，新型能源、大数据、文化旅游、健康养生等绿色产业融合发展，构建起多点支撑、多业并举、多元发展的绿色产业格局。截至2021年11月底，累计签约冰雪产业项目97项，落地项目79项，总投资373.28亿元，投产运营项目41项，累计实现产值9.69亿元；其中，冰雪装备研发制造项目52项，项目涉及法国、意大利等8个国家。规划建设了两个占地3000亩的冰雪产业园，先后引进了一批知名冰雪装备制造企业落户张家口。

与此同时，张家口践行绿色发展理念，加快可再生能源发展。截至2020年年底，张家口可再生能源装备制造企业23家、产值达到75亿元，可再生能源装机容量突破2000万千瓦、并网1882万千瓦，已投用和在建储能172.15万千瓦，张北—雄安1000千伏特高压工程建成投用，可再生能源消费占终端能源消费比例达到了30%。深入开展"公交都市"创建工作，开通大站快线公交3条，累计推广氢能源电池公交车304辆，中心城区实现清洁能源公交车全覆盖，氢燃料公交车运营数量居全国首位[②]（见图6-6）。

[①] 张家口市国民经济和社会发展第十三个五年规划纲要［EB/OL］.张家口市人民政府，2016-06-08.

[②] 北京2022年冬奥会和冬残奥会区域发展遗产报告（2022）［R］.北京：北京2022年冬奥会和冬残奥会组织委员会，2022.

图6-6 张家口氢能产业园[①]

（三）利用冬奥会推动城市经济增长

尽管冬季奥运会开支对小城市来说可能是个大数目，但是冬奥会作为一种强劲的外部力量，不仅能有效地塑造主办城市以及国家的形象，还能迅速提升国际声誉；所带来的包括比赛场馆及城市基础设施建设的庞大建设投资以及观众、游客等进行的消费有效刺激主办城市及国家的经济增长，赛事需求带来的相关设施的建设和改善更是为城市的长远发展奠定了坚实的基础。冬奥会等大事件（Mega-Events）作为全球地域营销的战略性工具，往往成为带动城市改造的触媒。[②] 城市通过举办冬奥会这一外力作用，不断挖掘与整合各种资源，在这一过程中为了满足目标市场如国际奥委会、观众、媒体、赞助商等对象的

[①] 北京2022年冬奥会和冬残奥会区域发展遗产报告（2022）[R]. 北京：北京2022年冬奥会和冬残奥会组织委员会，2022.

[②] 唐子来，陈琳. 经济全球化时代的城市营销策略：观察和思考[J]. 城市规划学刊，2006(6)：45-53.

<<< 第六章　奥运会与可持续城市互动共赢模式对2022年冬奥会及主办城市的影响

需求的同时，自身的知名度和美誉度也有着提升的要求，这种由城市大事件（Mega-Events）外力推动带来的"营销型"的城市增长模式[1]如果能够契合城市的发展阶段并符合城市空间的演变规律时，往往能够改善城市的基础设施和景观面貌，优化城市空间拓展、促进城市社会和谐以及推动城市产业的更新。

2014年的索契冬奥会的举办使得这所小城在世界范围内知名度暴增，改善了当地的条件，吸引了大量的投资和游客消费，冬奥会还为索契体育、休闲服务以及旅游、交通、能源等行业增加了6万个长期的就业岗位，使得城市在冬奥结束之后仍然受益久远。2010年的温哥华冬奥会更是使得当地实现了8%的经济增长率，直接或间接地在全省新增了800多家企业，提供了2万多个就业岗位。

同时，冬奥会对于改进主办城市形象，实现经济的持续发展也有着重要的影响[2]，北京冬奥会也不例外。冬奥会的举办对北京、张家口的基础建设产业、体育产业、冰雪旅游产业、休闲产业以及特许经营产业的发展都有极大的作用。北京市市长王安顺曾表示这些产业的发展"至少能够创造约60万个就业机会"[3]，开放办奥助推了我国冰雪运动大发展，培养出一大批冰雪运动建设、管理人才，形成了一批中国制冰师、赛道喷射手、高山雪上救护、保障等新职业。[4]这将极大缓解北京就业市场的压力。这恰恰与经济可持续增长、创造就业机会和人人享有体面劳动的可持续城市绿色经济目标相契合，也将推动北京、延

---

[1] 张京祥，罗小龙，殷洁，等.大事件营销与城市的空间生产与尺度跃迁[J].城市问题，2011（1）：19-23.
[2] 普鲁斯.奥运经济学[M].黄文卉，编译.北京：北京体育大学出版社，2008：221.
[3] 王斌，董鑫，刘洋，等.北京申办冬奥成功可创造60万个就业机会[N].北京青年报，2015-08-01（6）.
[4] 张艺.北京2022年冬奥会带来就业新机会[EB/OL].中国青年报，2021-11-22.

庆以及张家口绿色经济的发展。

北京、延庆以及张家口还将直接受益于场馆投资、基础设施建设带来的GDP增量。

北京赛区奥运场馆建设项目中，包括新建和改建的项目投资约为64.44亿元人民币，根据估算，在2015—2021年的建设周期中可以累计为北京贡献205.62亿元的GDP增量，换算为百分比，则可以拉动北京市GDP每年增长约0.1个百分点，而冬奥会基础设施投资则可以为北京贡献975.88亿元的GDP增量，换算为百分比，则可以在2015—2021年间拉动北京市GDP每年增长约0.59个百分点。[1]《中国冰雪产业发展研究报告》显示，2022年，中国冰雪运动产值将达到8000亿元，2025年将达到1万亿元，占整个中国体育总产值的五分之一。[2]过去五年，北京高技术产业、战略性新兴产业增加值分别累计增长56.9%和58.5%，金融、科技、信息等现代服务业增加值比重进一步提升，2020年第三产业比重达到84%，数字经济占比达到38%，居全国前列。奥运筹办与经济发展正向而行，相互促进，奥运经济成为首都经济的鲜明特点和重要支撑。[3]

延庆赛区本就处在城市周边农村地区，冬奥会对于改善当地设施、发展当地经济有着重要的促进作用。修建的冬奥场馆群在赛后形成融体育、娱乐、商业、会展为一体的多功能活动中心，提升当地的服务接待能力，形成现代服务业的产业基地和产业链条，极大地带动主办

---

[1] 北京改革和发展研究会，陈剑.京张冬奥发展报告2016［M］.北京：中国文史出版社，2016：218-227.

[2] 常理，李万祥.2025年冰雪运动产值预计达1万亿元：冬奥带动冰雪经济快速发展［EB/OL］.中国政府网，2022-04-07.

[3] 北京2022年冬奥会和冬残奥会区域发展遗产报告（2022）［R］.北京：北京2022年冬奥会和冬残奥会组织委员会，2022.

城市的第三产业发展。①多在较小的城市举行的冬奥会如盐湖城、都灵、索契等，通过举办冬奥会提高了城市知名度，有效打造冰雪旅游和休闲度假的城市名片，延庆也通过这个契机扩大自身影响，创造经济发展的机遇。2016—2019年，延庆区接待游客量从1576.3万人次增长至3053万人次，增长94%，旅游收入从55.5亿元增长至近百亿元，增幅近80%。2021年春节假期，延庆区共接待游客33.41万人次，实现旅游收入3764.7万元。2019年，张家口全年全市接待国内外游客8605.06万人次，总收入1037亿元，分别比2015年增长123.6%和243.8%。截止到2019年年底，全市共有A级景区60家，星级酒店74家，旅行社98家。分别较2015年增长53.8%、54.2%和18.1%。围绕休闲、旅游、冰雪和健康的产业空间布局逐步完善。②

位于北京西北部的张家口作为交通封闭的老工业城市，属于河北省的贫困地区，在河北11地市综合经济竞争力及可持续竞争力均排名中处于最末。③全市所管辖的13个县中有10个是国家级贫困县，举办冬季奥运会雪上项目的崇礼区也曾处于贫困之列。而张家口自身的生态环境极其脆弱，水土流失、土壤风蚀沙化严重，土地贫瘠，环境恶劣，直接影响工农业生产要素的改善，形成区域生态贫困状态。2023年，张家口全市实现生产总值1842.7亿元，人均生产总值45360元，④甚至达不到北京的三分之一。张家口在脱贫与生存的需要下长期采取高耗能、高污染的粗放型发展模式，承受着生态倒逼与经济发展的双

---

① 朱文光，姜丽，朱丽.奥运社会学概论：五环走向辉煌的历程[M].济南：山东人民出版社，2010：290-291.
② 北京2022年冬奥会和冬残奥会区域发展遗产报告（2022）[R].北京：北京2022年冬奥会和冬残奥会组织委员会，2022.
③ 中国城市竞争力第15次报告[R].北京：中国社会科学院，2017.
④ 张家口市2016年国民经济和社会发展统计公报[R].张家口：张家口市统计局，2017.

重压力，曾渴望通过举办冬奥会这一外力作用来扩大城市影响，推动城市的发展。冬奥会带给张家口乃至崇礼区的不仅仅是知名度全球范围的提升，更是促进城市设施建设、产业升级的良好机遇。城市超前提供的交通、住宿等基础设施成本的很大一部分通过冬奥会提供的巨大的外部需求迅速收回，使城市在需求水平并不高的条件下得到超前发展，从而推动城市基础设施建设以及竞争力的全面提升。[①] 据预测，张家口赛区冬奥场馆投资可以为张家口贡献73.88亿元的GDP增量，换算为百分比，在2015—2021年可以拉动张家口市GDP每年增长约0.5个百分点。而冬奥会基础设施投资则可以为张家口市贡献840.52亿元的GDP增量，换算为百分比，在2015—2021年可以拉动张家口市GDP每年增长约5.2个百分点，效果尤为显著。[②]

面对其他奥运主办城市快速发展的冲击与诱惑，张家口在冷静消化的同时，也在努力做好长远的规划和把握，杜绝好大喜功、急功近利的发展模式。同时，内化为城市发展的冬奥会经济也应避免后续的外部不经济性。张家口借鉴其他城市的办赛经验，充分考虑城市生态和空间的限制，对赛后城市发展的方向与动力做好妥善的部署，使城市经济的盲目增长向理性发展转变。另外，张家口还借助这一契机在规划编制、场馆建设、产业发展、能源利用等方面与北京全方位对接融合，在消除城乡差异、消除收入差异和打破区域发展方面努力缩小与北京之间的发展差距。在发展绿色经济方面，积极建设可再生能源示范区，加快发展与北京互补互促的战略性新兴产业，特别是冰雪旅游、体育产业等绿色产业发展，在后奥运时期形成可持续的经济增长点。

---

① 赵燕菁. 奥运会经济与北京空间结构调整［J］. 城市规划，2002（8）：29-37.
② 北京改革和发展研究会，陈剑. 京张冬奥发展报告2016［M］. 北京：中国文史出版社，2016：235-227.

无论是北京还是张家口，发展冬奥绿色经济的核心是要将冬奥会传递的奥林匹克理念内化为健康、可持续的生活方式，直接受益于城市居民。冬奥会建设运营与城市绿色经济发展相协调的发展模式实际上就是使奥运会回归质朴，回归本真。不仅着力于冬奥会带给城市物质、环境层面的影响，还注重城市经济、社会的长期发展，使冬奥会对包括观念、决策在内的人的行为的深层、长远影响。

四、和谐社会理念对北京冬奥会生活方式的影响

由于冬奥会的规模远小于夏季奥运会，所产生的社会关注和影响也远远低于夏季奥运会。受自然条件的限制，举办冬奥会的城市大多也并不在一个国家最繁华的地区，因此，举办冬奥会除了常规国家层面的政治、经济等方面的考量外，更倾向于城市自身的发展，冬奥遗产直接惠及民众、促进社会和谐发展是主办城市重要的目标。对冬奥会主办城市居民来说，冬奥会可以作为增进公众健康和福祉的一个重要契机，将冬奥生活化与社会和谐发展结合起来。

（一）提升城市公共服务水平

对奥运会来说，高规格的服务水准似乎是必须的要求。尽管第二次举办奥运赛事的北京不再需要通过冬奥会展示城市各行业的服务水准，但借助冬奥契机，在冬奥会以人为本的基准下，通过奥运会与可持续城市互动共赢模式下的社会发展要求对主办城市公共服务水平进行提升，也是奥运会促进主办城市社会和谐发展的重要推动力。

通过公共设施的改善为居民提供公共服务的案例在奥运会历程中并不少见。都灵冬奥会部分运动员公寓已被改为廉租房、学生公寓和青年旅馆。温哥华冬奥会场馆在赛后转化为社区体育中心，成为当地居民欣赏赛事、休闲锻炼的场所；惠斯勒运动员村在赛后作为保障性

住房，为当地800多人解决了住所问题，从而保留了大批劳动力，为城市发展提供了一批技术工人。[1]索契冬奥会的运动员公寓也在赛后转化为经济适用房，为当地居民服务。体育馆的后续利用带动了城市的市民体育氛围，交通网络的更新、购物中心等商业场所的增加更是给居民生活带来了便利。[2]冬奥会举办期间城市加强了社会治安秩序的管理，也有助于提升城市管理的水平。

北京在2015年申冬奥成功后就成立了冬奥工作领导小组，并由中共中央政治局常委、国务院副总理张高丽担任组长，全面统筹规划冬奥会筹办事宜，形成了政府主导的奥运组织管理机制，通过政策调控、财政支持和协调沟通来实现公共服务水平的提升；同时充分发挥我国举国体制的优势，对北京、张家口联合举办奥运会的特殊合作模式以及冬奥会复杂的筹办任务进行跨区域、跨部门协调配合，以保障包括奥运场馆及基础设施建设、环境治理、市场开发、科技攻关、后勤安保等筹办工作的顺利进行。

在冬奥会契合和谐社会理念的目标下，2022年冬奥会筹办过程中将"以人为本"的观念贯彻始终，通过公共服务的建设以及治理水平的提高满足人的需要，实现人的理想。在城市硬件方面，对于危及公众健康的空气污染现象，通过技术、政策和教育的手段及时有效地治理；对于日益拥堵的交通状况，在大力推广绿色出行理念的同时也加强了公共交通系统的完善；对于公共基础设施无法与城市发展速度匹配的现实，北京也不断加强规划和建设。除了城市物质基础的建设之外，还考虑公共服务的质量和效率，在就业、医疗、教育方面，结合

---

[1] 孙葆丽，宋晨翔，杜颖，等.温哥华冬奥会遗产工作研究及启示[J].北京体育大学学报，2017，40（10）：1-8.
[2] 迟野，梁璇.索契的后冬奥景象[N].中国青年报，2015-08-01（4）.

多种手段来解决社会资源匮乏的现状，以保障城市居民的平等发展。

衡量一个城市社会可持续发展的能力，很重要的一点在于城市是否能为人提供可持续生活方式上的选择和可能性，充裕的公共空间及完备的设施服务是市民形成绿色、健康的可持续生活方式的重要条件。北京和河北两地借助冬奥契机建设全民健身公共服务体系示范区，通过对公共体育设施的建设、体育组织管理、科学建设指导等措施，积极开展全面健身活动，让群众享受冬奥带来的公共福利。

体育为可持续城市在解决绿色经济转型过程中废弃建筑和地块的重新利用提供了方案，一些城市巧妙地将无用的地方变成了有吸引力的体育设施，以此为市民提供城市公共服务。

德国鲁尔工业区曾是全世界工业最发达的地区之一，城市密集。20世纪70年代后，随着工业的衰落，废弃的工矿企业以及空置的庞大工业建筑随处可见，以矿区为中心建立的居民区也随着矿区的关闭逐渐失去了活力。1989年鲁尔区提出"IBA计划"，旨在改善生态环境的基础上，利用发展绿色经济的方式促进城市的可持续发展，将传统的工业区打造成为新兴的科技、服务的工业旅游区。北杜伊斯堡景观公园（Landschaftspark Duisburg Nord）属于埃姆舍尔公园规划项目（IBA Emscher Park）的一部分，这个地区原来是鲁尔工业区最落后的地方，如今却被视为最成功的工厂改造典范之一。在将工业建筑设施整体保留的同时，北杜伊斯堡景观公园充分挖掘场地的其他功能，将体育运动设施融合到废旧厂区的绿色改造中。工厂中储煤仓高大的混凝土墙体被改建成适宜登山爱好者的专业攀岩壁，关闭后的废弃煤气储罐注入2万立方米的水改造成了欧洲最大的人工潜水中心，料仓花园旁边设计了专供儿童游戏的滑梯、绳索等设施。不仅节省了拆除建筑所需要的人力物力，避免大量建筑垃圾的产生，而且还为工业区新兴产业的

171

从业者及附近居民提供了文化休闲的场所，成功地将体育项目整合到一个工业"铁锈带"，向可持续的绿色城市区域发展。

北京在提供公共体育设施方面也有着可持续利用的案例。2022年冬奥会北京赛区主场馆所在地奥林匹克公园是国务院批准实施的中国首个国家绿色发展示范区和国家级公共体育服务体系示范区。作为2008年北京奥运会重要的遗产，奥林匹克公园不仅是国际体育文化交流的重要平台，同时也是调整城市空间、集成城市功能、建立城市形象、贯通城市文脉的区域。[①] 在2008年奥运会结束之后，为了满足游客市民与日俱增的游览、休闲需求，园区在保持原有的城市公共活动中心结构框架不变的情况下，加大了绿化景观、便民服务设施和重大项目建设等基础设施的投入。如在公园南区打造包括居住、办公、酒店、商业、文化、公交枢纽等公共设施在内的新都市区，并且在全园增设了地下车库、固定（临时）卫生间、游客服务中心等便民服务设施，以此增加公园的常规人流与城市活力，从功能构成上对主题活动空间进行补充。不仅如此，凭借完善的设施条件以及优美的园区环境，奥林匹克公园还成为广大市民健身、休闲以及企事业单位开展集体活动的首选地，每年开展成百上千次规模不一的群众性体育活动和赛事。公共广场和森林公园作为免费开放区域，更是为奥运遗产惠及民生的地标，每年有超过200万人次的社会各界群众来到奥林匹克公园参加身体锻炼和文化休闲活动。[②] 在2022年冬奥会举办的契机下，奥林匹克公园更积极地发挥其社会效益，提升公共文化供给能力和服务水平，作为冬奥遗产惠及市民生活和社会和谐发展。

---

① 北京奥林匹克公园管理委员会.北京奥林匹克公园体育产业影响力及指数研究（2008—2015）[M].北京：北京体育大学出版社，2017：81.

② 北京奥林匹克公园管理委员会.北京奥林匹克公园体育产业影响力及指数研究（2009—2015）[M].北京：北京体育大学出版社，2017：96-99.

<<< 第六章　奥运会与可持续城市互动共赢模式对2022年冬奥会及主办城市的影响

雪上项目举办地延庆在2015年前一直是以农业为主的县域，公共服务及基础设施承载能力不高，在发展生态旅游等产业时服务水平较弱，竞争力不足。撤县设区后，通过发展中等城镇将农民转化成市民，延庆的发展方式开始向以城镇化为主的区域发展转变。然而现阶段，延庆城镇化建设水平仍然较低，长期的经济落后导致城市承载能力不足，城乡精细化管理和社会治理能力还存在诸多问题，城镇化质量也不高。因此，延庆在赛区建设规划过程中除了满足赛事需要外，也考虑到了群众的后续需求，承办完冬奥会后，为赛道难度高的场馆增设适合公众水平的初中级赛道，并将赛区改建为冰雪主题公园，夏天则作为休闲和避暑中心，为城市居民提供休闲、旅游、娱乐的场所。延庆区公共服务水平也得到进一步提升，医疗、教育等领域呈现出显著的遗产效应。作为奥运遗产的冬奥医疗保障中心在冬奥会结束后转换为急症救治中心，曾经服务保障冬奥会的"金牌医疗团队"如今转战一线为延庆市民提供更高标准的医疗服务。[1]

随着张家口申冬奥的成功，崇礼这个曾经只有12.6万人口的小县城慢慢走入人们的视野，成为张家口的新名片，终于脱掉"贫困帽"，走上城市发展的快车道。在冬奥会筹备期间，赛区基础设施的完善将有效提升张家口、崇礼地区的冰雪旅游服务水平，吸引更多的游客和市民到此旅游和休闲，形成便民、惠民的公共游憩空间。冬奥结束以后，张家口赛区冰雪场地和设施的合理配置以及冰雪服务人才的培养，将为当地民众提供大量的就业机会，有效改善民生。除此之外，张家口市还在冬奥会的东风下，发布了《张家口市"冬奥惠民"工程建设实施方案》，通过普及奥运文化知识、发展各级体育组织、完善健身

---

[1] 北京延庆官方发布.冬奥一周年丨用好冬奥遗产　续写发展新篇章［EB/OL］.北京市延庆区融媒体中心，2023-02-04.

场地设施、开展体育活动赛事、建设智慧体育平台等，推进全民健身公共服务体系建设，以体育生活化理念全方位推进公共体育服务建设，建设"奥林匹克·体育生活化城市"[①]，从城市部署的高度普及可持续生活方式，使城市居民直接受惠于冬奥的举办。

（二）增进社会包容与融合

和谐社会的一个重要内涵，就是要在城市中增进人际和人群之间的关系，缩小城市不平等的鸿沟，实现城市的包容性发展。北京冬奥会的"共享办奥"实际上就是在冬奥会筹办过程中实现社会权利、公共服务以及经济增长成果的共享，并且在这个过程中，增进城市不同群体间的融合，正视并包容社会、文化、经济的差异和多样性，促进相互理解和互惠合作。

良好的社会生态是赛事和城市可持续发展的关键。"城市人身体上的接近，反而会导致他们之间的社会距离增加"[②]，针对北京外来人口众多引致的社会分化和差异，2022年冬奥会努力提供一个促进社会融合的良好平台，无论是直接参与到冬奥筹备建设中的岗位，还是通过体育参与响应冬奥的号召，抑或在主办城市环境中间接受冬奥理念的洗礼，都在冬奥氛围所形成的社会关系中得到融合。

奥运会的举办通常致力于给赛事参与者、游客和城市居民带来的多元、平等、友好的社会氛围，使奥运精神融入城市生活当中，并致力于文化融合和世界和平，以增进互利互惠的关系和文化理解。近百个参赛国家的不同民族、不同文化、不同性别、不同年龄的运动员相

[①] 张家口市人民政府办公室关于印发《张家口市"冬奥惠民"工程建设实施方案》的通知[R]. 张家口：张家口市人民政府，2017.

[②] 马休尼斯，帕里罗. 城市社会学：城市与城市生活[M]. 姚伟，王佳，等译. 北京：中国人民大学出版社，2016：122.

聚在冬奥，有了互相了解、互相交流的机会。在冬奥赛场上运动员们竞争、协作，形成了良性互动的关系，通过媒体的作用在世界观众面前放大，也是传递奥运会和平、友好精神的良好契机。除了增进互动，奥运会还为化解矛盾做出努力。2018平昌冬奥会朝鲜和韩国签署了《朝鲜半岛奥运宣言》，决定由两国代表团各派一名运动员举起"朝鲜半岛旗"在冬奥会开幕式上以"朝鲜半岛"的名义共同入场，并且在奥运会历史上首次组队，参加女子冰球项目的比赛。冬奥期间朝韩间高级别互动向外界释放了双方有意改善北南关系、促进对话合作的积极信号，也为缓解朝鲜半岛紧张局势，打开和平局面带来希望。

对北京冬奥会来说，包括平昌冬奥会、东京奥运会在内连续三届奥运赛事在亚洲举办，是向以西方文明为内核的奥林匹克运动输出东方传统文化价值观的极佳契机，北京、张家口也积极挖掘和继承区域传统文化，通过冬奥平台向世界传递，进一步促进文化影响力和文化生产力的发展。

和谐社会还强调城市居民参与城市的冬奥决策，将各类群体的需求纳入冬奥与城市发展规划中。都灵冬奥组委为了避免赛场建设过程中对当地居民生活造成影响，在规划阶段就会同环保组织和周边居民进行了充分的沟通，全力保障居民的利益，并满足环保组织的诉求，因此在环境方面并未遭受来自民众和第三方的抵制。除此之外，北京冬奥会还积极寻求城市居民的认同和参与，通过发动城市居民参与冬奥会志愿服务，增进居民对冬奥会与城市建设发展的归属感。索契冬奥会大约3000名当地志愿者在赛事期间为市民和游客服务[1]，这对培养城市志愿精神、增进社会包容有着积极作用。而北京在奥运志愿服务

---

[1] 索契冬奥会志愿者：责任、荣誉与历练[EB/OL]. 俄罗斯之声广播电台官网，2013-10-02.

方面更是有积极的遗产可以传承，2008年北京奥运会、残奥会期间除了10万赛会志愿者创下奥运史志愿者人数之最外，40万城市志愿者以及100万社会志愿者都是奥运促进公众参与的积极遗产，他们在"服务至上、和谐至上"的服务理念下，为奥运与社会和谐发展贡献了巨大的力量。[①]2022年冬奥会除了在继承北京奥运会的志愿服务遗产外，也进一步促进了志愿精神在城市中的传递普及，使公众社会参与的意识和权利在冬奥契机下得到强化（见图6-7）。

图6-7　相约北京测试活动的志愿者[②]

冬奥会在社会责任的践行上也做了一定的努力，温哥华冬奥会就是一届对社会和经济弱势群体有积极影响的冬奥会典范，对北京冬奥会承担社会责任的行动有着积极的借鉴作用。

---

① 李永进.和谐奥运：一次天人合一的盛会［M］.北京：科学出版社，2008：58-64.
② 北京2022年冬奥会和冬残奥会区域发展遗产报告（2022）［R］.北京：北京2022年冬奥会和冬残奥会组织委员会，2022.

温哥华的可持续计划着力于社会责任的承担以及文化多样性的包容，关注劳动者的人权、健康和安全，从培训、就业、住宿等方面采取一系列措施保障弱势群体的权益。在申办奥运会期间，温哥华就联合加拿大、不列颠哥伦比亚省以及温哥华市三级政府共同发布了一个称为"城市包容性（ICI）承诺"的联合声明，其中包含37项承诺遵循减少奥运会对温哥华市内社区的负面影响，以及最大化地向市中心的社区和企业提供服务两条原则。温哥华奥委会还积极与政府、社区组织、企业合作，创造新的岗位以满足重点人群的就业需要。2008年，温哥华奥组委与两家社区企业签约，招聘当地妇女制作奥运赛事使用的装饰花卉1750束，以及负责奥运期间的失物招领中心的运营管理。2003—2009年，总共为城市居民和企业创造了500个培训和就业机会与4250万美元的采购机会，组织了一支被称为"蓝夹克"的约50000名熟练和多样化人员的奥运劳动力队伍。对于残疾群体，温哥华奥组委积极解决他们体育参与的障碍，并在雇佣、采购等程序上实施照顾残疾人的政策，在所有的场馆和设施建设残障人士无障碍通道，并保证他们工作环境的舒适。温哥华奥组委在为弱势群体提供生计方面的帮助的同时，也在实施积极的安保计划保障他们的健康和安全，在奥运会期间没有发生重大安全隐患或事故。

主办城市居民的接受和参与是冬奥会与城市协调发展的重要前提，第二次举办奥运赛事的北京，在赛前充分考虑市民需求，将举办赛事的目的与城市居民的切身利益有效结合起来，在冬奥筹办和举办应贯彻共享办奥的原则。北京在冬奥筹办和举办过程中重视公众参与，充分考虑城市中的多元利益主体，注重对城市中包括外来人口、不同民族、各种从业者等多元价值的包容与保护，积极调动社会力量，赋予居民和社会组织平等的合作伙伴地位和权利，避免用经济、政治利益至上的不正确价值观引导城市发展。还提高了城市管理水平和社会文明程度，创造公平、民主的决策环境，与城市居民有效互动，体现城市的人文关怀，促进社会的和谐发展，使冬奥福利惠及全民。2022年冬奥会通过生态建设工程和新兴产业，缓解了区域就业压力，助力脱贫事业。首先，通过生态建设工程助贫扶贫，以张家口为例，其在实施造林绿化工程中，拓宽建档立卡贫困群众的参与渠道，优先安排农村贫困人口参与工程建设，增加了务工收入；同时，创新造林机制，促进生态林业和民生林业协调发展，最终造林收益的80%被用于精准扶贫和入社社员分红。①大力推动社会文明建设，通过全面实施《北京2022年冬奥会和冬残奥会社会文明行动计划》，2018—2021年，引导社会公众积极参与"冬奥我知道"宣传普及活动，"最美微笑"文明引导行动，"人人都是东道主"文明社区、楼门、村镇建设活动，"冬奥有我"窗口文明服务活动和"文明有礼"观赛宣传活动等一系列社会文明提升活动。通过这些活动，全面提升了市民文明素质，树立了主办城市的文明形象。②

（三）促进可持续生活方式的塑造

和谐社会是一个以人为本的社会，一切社会活动的根本目的是人的生存、发展、享受。冬奥会致力于通过体育使世界变得更美好，首要任务是使体育服务于人，服务于人类生存发展的社会。2015年9月，联合国大会确认体育对支持联合国《2030年议程可持续发展》和联合国17个可持续发展目标的重要作用（SDGs）："体育也是可持续发展的

---

① 杨三军，吴庆坡，叶茂盛.北京冬奥会经济效益和生态效益协同发展研究［J］.体育文化导刊，2023（8）：29-36.
② 北京2022年冬奥会和冬残奥会区域发展遗产报告（2022）［R］.北京：北京2022年冬奥会和冬残奥会组织委员会，2022.

重要推动者",肯定了"体育对实现发展与和平的促进作用,在促进包容和尊重方面,以及它对赋予妇女和青年人、个人和社区以及健康、教育和社会融入的目标所做的贡献"。2022年冬季奥运会对可持续城市中和谐社会的促进,也是通过体育对生活方式的塑造而实现的。

16天的冬奥会赛事的举办,留给城市的不仅是赛事本身带来的惊险、刺激、兴奋,以及对赛事主办方的认可和赞誉,更持久而深远的则是城市的长远发展。北京、张家口在2022年冬奥会与可持续城市互动共赢的新模式下对人们奥运生活方式进行塑造并且提供相应的公共服务,以实现推动社会和谐发展的目标。举办一届接地气的冬奥会不仅符合不同国家环境、经济、社会和环境长远规划,还可以使人们把目光从赛事的规模和硬件等器物层面上转移,回归奥林匹克运动的本质,更多关注人本身。

巴塞罗那在1992年举办奥运会之前曾是一个经济逐渐衰退、环境破坏严重的工业城市,奥运会特殊的历史机遇赋予了巴塞罗那独特的体育城市文化,彻底改变了巴塞罗那在欧洲的地位以及国际形象,重塑了城市精神——无处不在的运动氛围和体育生活方式。针对青少年体育习惯的培养,巴塞罗那借奥运东风,耗资5000万美元制订了"校园体育超越历史"计划,对中小学校体育教师进行培训、组织学生课余体育活动,并在校园内及校园附近建设相应的体育设施,以推进校园体育活动的开展。得益于大量奥运经费对城市体育设施建设以及校园体育的投入,巴塞罗那经常参加体育运动的人口比例从1983年的34%提升到了1993年的51%。[①]

奥运会对主办城市中的民众来说,不仅带来国家情感和民族荣誉

[①] 慈鑫.奥运助巴塞罗那再生的启示[N].中国青年报,2013-08-04(3).

感的提升，人们对奥运的期盼更多来自生活上的变化。这种变化包括生活质量和生活水平的提高，也包括通过奥运会获得一种"有效参与城市生活的意义感"。①

  伦敦奥运会通过奥运会积极倡导可持续生活方式，并将奥运会可持续发展理念辐射社会。②在2012年伦敦奥运会举办前，为了缓解拥堵的交通状况以及汽车尾气排放导致的大气污染状况，伦敦市区从2010年起，修建了辐射东西、南北的12条自行车高速道（Cycle Superhighway），大部分地段路面都被涂成鲜艳的颜色，路边停车位和公交车站点旁边也留出了专门的后绕自行车道，并且将一些路口的信号灯进行了自行车优先的改建，有的地段更是将上下行自行车道都修在道路的同一侧，以保证自行车不受交通堵塞的阻碍快速通过。安全、方便、快捷的高速道路设施使得自行车成为人们通勤的重要交通工具，"绿色出行"理念不仅深入人心，更是融入人们的生活当中。伦敦还在公园、绿地附近修建了休闲自行车道（Quietway），供城市居民休闲放松使用。伦敦更是计划未来在铁路上方建设221公里空中自行车道网络（SkyCycle），以在交通高峰期方便骑行者。③除此之外，英国还修建了由10条主干道和87条支道组成、覆盖英伦三岛和北爱尔兰的国家自行车道路网（The National Cycle Network），以鼓励国民参与绿色健康的骑行休闲、锻炼、旅游。为避免与其他交通线路冲突，三成以上的骑行线路都不在主路上，而这些自行车道路很多都是利用因产业转型早已关闭的运河纤道以及废弃的火车道、乡间小路改建而成的。不仅给市

---

① 马休尼斯，帕里罗.城市社会学：城市与城市生活［M］.姚伟，王佳，等译.北京：中国人民大学出版社，2016：114-115.

② 胡军.伦敦奥运会的可持续发展理念［J］.体育文化导刊，2012（2）：15-17，41.

③ KASHMIRA G. Plansfor 136-mile 'SkyCycle' highways above London's rail lines to be put forward for consultation［EB/OL］.［2013-12-30］https://www.bbc.co.uk/news/uk-england-london-25549789.

<<< 第六章 奥运会与可持续城市互动共赢模式对2022年冬奥会及主办城市的影响

民提供了绿色可持续的生活方式选择，还对已有的交通设施进行了可持续的利用。

冬奥会对场馆建筑、交通设施、市容环境等物质设施进行更新的同时，也影响着城市生活方式。2022年冬奥会作为一种途径，使冰雪运动贴近民众，通过示范和辐射效应将奥林匹克运动包含的活动习惯融入居民的生活方式当中，形成城市发展即人的发展共同需要的可持续的生活方式。针对北京因人口密度过大而导致的人的行为消沉、缺乏锻炼等不健康生活方式，以冰雪运动为主要内容的2022年冬奥会潜移默化地传递有利于身心发展的健康生活方式，冰雪运动同时也是拥抱自然、与自然和谐相处的可持续生活方式。

作为世界上最顶尖的冬季体育赛事，冬奥会汇集了来自世界各地的优秀运动员，吸引了现场以及世界各地通过媒体关注奥运的数以百万计的观众。在这样一个拥有广泛受众的平台上，通过特有的文化教育活动计划，可以将奥林匹克运动的理想长期、持续地传递到人们心中，形成可持续的生活方式，给城市留下无形的奥运遗产。2022年冬奥会与和谐社会互动共赢的新模式，还通过以可持续发展为目标的奥林匹克教育唤醒人的意识、提高人的素质、推进人的发展。

在2018年进入冬奥"北京时间"之际，教育部、国家体育总局联合北京冬奥组委围绕"三亿人参与冰雪运动"的目标，并结合《"健康中国2030"规划纲要》，共同制订了《北京2022年冬奥会和冬残奥会中小学生奥林匹克教育计划》，形成具有中国特色的奥林匹克教育模式。这一模式有助于在广大中小学生之间形成奥林匹克精神、冰雪运动文化以及健康生活方式的普及和推广，利用学校中的可持续教育师资、学生活动等走进社区、机关、企事业单位，结成长期互动的关系，通过学校—社区—城区的方式，可以将可持续教育系统有效地开展到更广阔的公众领域中去，对于冬奥会倡导的健康生活方式的塑造以及传递有着重要意义。

截至2020年年底，全国共有835所奥林匹克教育示范校挂牌。2021年8月8日，第13个"全民健身日""青少年冬奥教育基地"落户中国科技馆，面向青少年开展冬奥教育活动，推广普及冰雪运动。中国科技馆青少年冬奥教育基地是中国科技馆为了向全社会特别是广大青少年传播冬奥文化，开展冬奥教育设立的。中国科技馆秉持"体验科学，启迪创新"的理念，常年通过线上、线下的方式，面向中小学生、社会公众，开展冬奥科普讲座、"科技冬奥"主题展览等活动，帮助青少年和公众更好地了解冬奥知识和冰雪运动，助力北京冬奥会的成功举办[1]（见图6-8）。

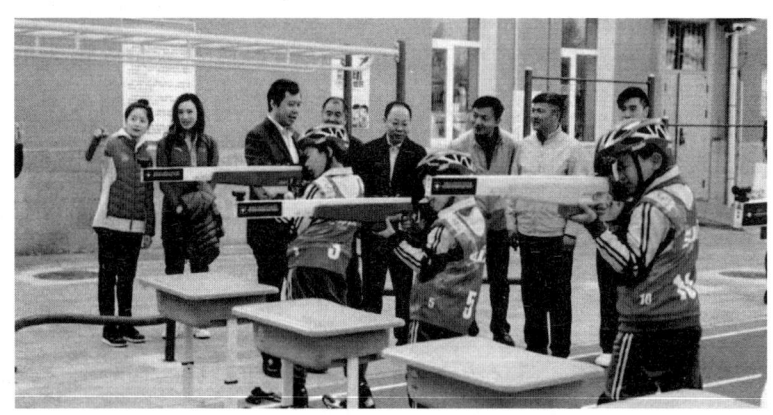

图6-8　北京市石景山区电厂路小学冬奥教育项目公开课[2]

冬奥会作用于可持续城市的发展，主要是通过输出可持续价值观

---

[1] 北京2022年冬奥会和冬残奥会区域发展遗产报告（2022）[R]. 北京：北京2022年冬奥会和冬残奥会组织委员会，2022.

[2] 北京2022年冬奥会和冬残奥会区域发展遗产报告（2022）[R]. 北京：北京2022年冬奥会和冬残奥会组织委员会，2022.

和引导可持续生活方式的奥林匹克教育来影响城市中的人，从而改变人们的生存态度、需要定位以及行为决策，以人的观念、生活方式的发展带动城市的可持续发展。

1.通过冬奥会引导可持续价值观念形成

人的全面发展包括人自身的和谐发展、人与社会的和谐发展以及人与自然和谐发展，这与奥林匹克教育对人的身心关系、人与自然关系以及人与社会关系三个基本关注点[1]相一致。人自身的发展在可持续观念的引导下，需注重物质生活和精神生活的平衡，才能使人的身心实现和谐。正如顾拜旦所说，"奥林匹克教育，既建立在崇尚自身进取的基础之上，又建立在崇尚和谐发展的基础之上——可以说，它既追求卓越，又讲求适度"。这正与可持续城市既讲究人的"发展"，又讲究城市"可持续"的理念相统一，奥林匹克教育通过体育为手段来实现人的可持续发展目标，并以奥运会的举办为契机作为教育的支撑平台和活动的高潮。因此，2022年北京冬奥会教育中也在积极树立以人的发展统领环境保护与经济社会发展的可持续发展观，针对北京、张家口在城市发展中由人的不可持续观念、行为导致的经济、社会、环境问题拟定可持续教育的目标，并以人的发展作为衡量城市可持续发展的尺度。

将体育作为奥林匹克教育的手段是奥林匹克运动赋予体育的价值，利用冬奥会进行价值观教育就是通过对体育的观赏和参与，将抽象的价值观转化为可亲近、可体验的实践体验，融入切身的生活经验中。体育活动的参与，使人对身心健康状况的关注更加集中，人自身的发

---

[1] 任海.奥林匹克运动的教育价值［J］.教育科学研究，2006（12）：15-18.

展通过体育活动得到促进。在体育参与中，人们对身处的环境也更为敏感，在与环境的持续互动中感知环境的价值，从而激发人们对环境保护的渴望。而在体育比赛的观赏中，人们从奋斗的喜悦、对卓越的追求、对他人的尊重、对规则的遵守中关注身边的人和社会的发展，和谐社会崇尚的和平、公正、包容和均衡发展的理念在这个环境下通过体育内化到人们心里。

北京冬奥会可持续价值观教育在开展时间维度上不应局限于奥运会结束之前，而应贯穿申办、举办直至赛后数年。价值观和体育一样，对人和社会的发展有着深远的影响，有必要作为长期甚至是终身教育来开展，将可持续观念融入市民的日常行为当中。在空间维度上，冬奥会环境教育也不局限于容纳有限的奥运赛场内，而是将价值观教育延伸到赛场之外的城市领域中去，社区、学校、企事业单位都应该是可持续价值观教育的重要阵地。

2.冬奥会引导可持续生活方式塑造

生活方式变革是城市可持续发展的内在要求，只有人们身体力行地去实践可持续行为，将可持续价值观融入生活方式中，才能促进可持续城市的发展。生活方式的选择受到包括物质条件、文化传统和制度背景在内的社会环境因素影响，最关键的是取决于人的素质。冬奥会通过体育满足人的身心需要，促进人的发展，以此来促进生活方式的变革。不合理的生活方式往往以提高生活的物质标准为准则，忽视了城市的可持续发展，而以体育为内容的生活方式增强了人生存活动的自由自主性，丰富了人的生活内容，提高了人的生活质量，并且扩大了人的活动范围。将传统的以享用物质财富为主的消费主义生活方式转化为体育生活方式，实际上意味着由消耗自然资源、破坏自然环境向欣赏自然和维护自然转变，是一种资源节约型和环境友好型的可持续生活方式。在可持续生活方式下，人类身心健康发展主要在于使生活的质量提纯、美化，而不是为了提高生活的物质标准。

以体育为手段的可持续价值观教育也是对现有生活方式的批判。缺乏身体活动的不健康生活方式早在1974年加拿大国家卫生与福利部出版的《加拿大人民健康的新前景》一书中确认为人类慢性疾病的主要诱因，体育通过促使居民在日常生活中关注个人健康，提高体质以降低医疗开支，促进心理健康和群体交往，避免诸如吸烟、吸毒和酗酒等不健康的活动，选择绿色出行等实际上也减少了废弃物的排放，以一种低成本、高回报的方式促进可持续生活方式的形成。当前城市中消费主义生活方式盛行，许多人对物质的盲目追求已经导致了对精神生活以及社会关系、生态环境的忽视，形成了社会学家吉登斯所断言的资源生态环境失调、城市特色趋同、城市空间缺失、文化资源破坏、文化遗产绝失、城市焦虑等带来的"城市文化病"。体育所倡导的可持续价值观则符合人们精神层面的、高层次的需要，体现着城市中人的发展最本真的含义，促进了人的自由全面发展。

北京冬奥会的筹办和举办带动群众性冰雪运动向全民普及和推广，提升全民健身意识；倡导绿色低碳生活理念，引导公众建立绿色低碳生活方式；在全社会范围内开展社会文明提升活动，推动社会文明进步（见图6-9）。

图6-9　北京自行车专用路[1]

自2014年至2020年我国已连续举办七届"全国大众冰雪季"活动，从第一届的10个省区市1000万人次参与，发展到第七届的31个省区市近1亿人次参与，带动更多民众感受冰雪、体验冰雪、参与冰雪。"北京市民快乐冰雪季系列活动"自2014年年底至2020年年底成功举办七届，通过开展冰雪运动和发放冰雪公益体验券的形式，带动更多市民参与冰雪运动。2021年7月18日，北京市启动"冰雪惠民计划"，为百姓就近就便参与冰雪运动提供便利。张家口市自2015年起，以"大好河山激情张家口冰雪季"系列赛事活动为引领，统筹开展群众喜爱、适合大众参与的冰雪运动赛事活动，从每年雪季开始至次年雪季结束，至今已连续举办六届，参与人数增长到500万人次，极大地带动广大民众参与和体验冰雪运动。[2]

---

[1] 北京2022年冬奥会和冬残奥会区域发展遗产报告（2022）[R]. 北京：北京2022年冬奥会和冬残奥会组织委员会，2022.

[2] 北京2022年冬奥会和冬残奥会区域发展遗产报告（2022）[R]. 北京：北京2022年冬奥会和冬残奥会组织委员会，2022.

奥林匹克主义是一种"生活哲学",而体育所倡导和示范的恰恰是当前城市发展最需要的可持续生活方式。冬奥会对可持续城市的促进除了通过体育传递的价值观对城市中的民众进行教育,更以体育为内容的绿色、健康的可持续生活方式融入广大市民的日常生活中。在2022年冬奥会契机下的北京和张家口不仅通过营造城市体育公共文化空间来促成人们可持续价值观和习惯的构建,还要让每个个体平等地参与各种体育活动,通过动态的社会互动使这种秩序性牢固而持久,以促进城市的可持续发展。

五、京津冀一体化格局下实践新模式的积极意义

北京携手张家口举办冬奥会,将北京和河北两个行政区联系在了一起。"双城模式"下的2022年冬奥会不仅是对《奥林匹克2020议程》关于多个城市联合举办奥运会改革的响应,更是推动我国京津冀协同发展重大战略的特殊机遇。冬奥会带给区域经济、环境、社会的影响也成了京津冀协同发展的"试验田"。

办好2022年冬奥会也是京津冀协同发展的重大标志性活动,北京、张家口联合举办冬奥会,将可持续城市理念放置于京津冀区域看待冬奥会的影响,是对奥运会与可持续城市互动共赢新模式在区域可持续发展领域的有益实践。

(一)加速京津冀区域环境协同治理

当前,北京"大城市病"症状日益凸显,由于城市快速发展,人口过度向城市集中,使得城市承载力接近或超过临界点,城市生态环境面临着巨大的压力,人口资源环境矛盾也越来越突出,土地、水资源以及大气等资源难以支撑城市发展。同时,首都的资源环境问题不

是孤立的，光靠本市行政区域范围内解决能力也相当有限，需要与周边地区形成良性互动，在更大范围内破解环境难题，实现城市和区域的可持续发展。

然而，河北省在生态环境本就脆弱的基础上，还承担着北京水源供给的任务，自身资源缺乏的张家口每年向北京输水2000万到3000万立方米[①]、承德通过潮白河对密云水库补给；而滦河水供给天津也使得唐山等地生态用水紧缺。张家口坝上地区在"京津风沙治理工程"和"退耕还林还草工程"下为了保障京津地区水源大规模减少水浇地，使得畜牧业生产成本提高，获取的生态补偿也难以弥补经济损失，资源使用权和区域发展权受到严重损伤，影响社会和谐。在大气资源方面，我国北方地区大气污染形势一直很严峻，北京及周边地区秋冬季节重度污染天气更是频繁发生，雾霾近90%来自人为排放。京津冀地区以重化工业为主的产业结构和以煤为主的能源结构，造成了京津冀地区污染物排放总量大。尽管北京市在2008年奥运会前就将部分高污染项目转移至河北，在奥运会期间有效保障了空气质量，然而在奥运会结束后部分被迫停产的企业重新开工，由北京转移至河北的高污染产业也释放出了大量的有害气体，成为京津冀大气污染的主要污染源。而污染源外迁的北京也不能在大气污染中幸免，承受着邻近城市间污染源相互流动、传输的影响，深受其害。中国社会科学院2016年发布的《气候变化绿皮书：应对气候变化报告》指出，北京大气污染来源中占28%~36%的外来污染主要来自河北省的区域传输。

针对2022年冬奥会京张延赛区环境的具体问题，国家和地方出台了一系列办法来应对，然而，京津冀作为"全国水资源最短缺，大气

---

① 巩志宏，齐雷杰.代表呼吁推动"京津冀水源涵养功能区"生态与扶贫齐头并进[EB/OL].新华网，2015-03-11.

<<< 第六章　奥运会与可持续城市互动共赢模式对2022年冬奥会及主办城市的影响

污染、水污染最严重，资源环境与发展矛盾最为尖锐的地区"[①]，不仅需要改善冬奥会的赛区环境，更重要的是促进城市、区域环境的可持续发展。在继承2008年奥运环境遗产的同时，京张联合申办的2022年冬奥会也根据京津冀协同发展的需要以及可持续发展的新要求对区域环境治理进行升级和创新。因此，借助冬奥契机强化京津冀区域环境的协同治理，在风沙治理、水资源整治、水土保持、大气污染防治等方面形成长期的机制，从而使首都摆脱"大城市病"带来的困境，是破解区域资源环境与经济社会发展矛盾的重要途径，对解决京津冀区域环境不可持续问题有着重要的意义。

生态环境保护作为京津冀协同发展的三个率先的突破口之一，已经深入《京津冀协同发展战略》这一中央文件，"京津冀生态环境红线"以及"京津冀生态环境共同体"的设立也逐步提上日程。在冬奥会这一世界上最顶尖的冬季体育赛事上，通过外部力量倒逼可存续环境的城市发展目标，围绕治气、治沙、治水，加强联防联建、综合治理有助于统筹经济发展与环境保护的关系，加快京津冀生态环境治理的步伐。

雾霾是2022年冬奥会最突出的短板，解决区域大气污染问题，需要建立污染防治和生态保护一体化的协作机制。以往通过产业转移的方式将首都钢铁厂、北京焦化厂搬迁至河北省，以期局部空气质量问题解决的方式已在实践中证明有效性极其有限，事实上的环境污染转移已经造成包括北京在内的整个京津冀区域都存在污染隐患。可存续环境下污染防治一体化的协作机制要求以区域环境容量为底线，整体削减污染物排放量，实现区域环境的共赢。通过冬奥会的筹办和举办对河北地区的产业进行升级改造，对容易造成污染的落后产能进行淘

[①] 京津冀协同发展生态环境保护规划［R］．北京：国家发改委，2015．

汰，将过分依赖资源消耗的区域发展方式转变，走绿色、低碳、循环的道路，从而减少污染源的排放，从根本上解决问题。同时，京津冀区域也针对以往政策差异、公共服务差异等问题，在环境保护联防联治中，建立统一的排放标准、污染监管执法标准、环境质量监测评估标准，实现区域生态的整体联结。除了直接的污染联防联控外，还通过加大可再生能源的发展力度，打造"京张冬奥生态与光伏迎宾走廊"以及张家口及周边地区风电场的大量建设，从而减除大气污染源。

在水资源的治理和保护方面，京津冀在2022年冬奥会举办的契机下，建立统一的污染防治格局，打破行政区域跨界防治，并在水资源保障和管理方面统一规划，建立了统一的标准。在流域协调、区域联动的原则下，根据区域水资源总量和分布情况，对京津冀地区的用水进行合理开发、统一配置，并将以往被忽视的生态用水放到水资源配置的优先位置。对于解决区域水资源分配不平衡的问题，有必要调节生态补偿机制，合理补偿为了维护资源而在产业发展中受到限制的地区，实现京张、京津冀区域的协调发展。对于水资源的管理，除了开源，更重要的是节流，对于再生水的使用需要加大，并且通过阶梯水价引导居民形成节水意识。同时传统农业在耗水方面也通过有序转变种植方式，减少灌溉用水，得以实现。冬奥会带动京津冀滑雪产业发展，人工造雪对水资源的耗费也在冬奥会筹办中摸索出节水及雪水再利用的新模式。通过保护河流和周边区域，保护整个区域的水生态系统，从根源上做好京津冀水源的一体化保护，最大程度地发挥水资源的生态效益，实现区域水资源保护的根本目标。

治沙也是京津冀区域环境治理的重点之一，河北省通过植树造林，已在区域林业生态建设上取得了一定的成效。2022年冬奥会的举办，更加带动以赛区周边环境以及赛区间公路两侧为主的京津冀区域绿色景观的建设（见图6-10）。2021—2035年，京津冀协同发展生态保护和修复工程的主要建设任务为：退化草原治理36.8万公顷，营造林120.8万公顷，水土流失综合治理212.2万公顷；通过工程固沙、造林种草、水土流失治理等修复措施，完成沙化土地综合治理33.7万公顷，并将深入落实草原禁牧和草畜平衡、天然林和公益林管护、湿地保护等生态保护补偿政策。[1]中国绿化基金会更是成立专项基金，开展公益植树活动，在2022年冬奥会场馆核心区域种植200亩针叶林和阔叶林混交的"冬奥会志愿者示范纪念林"[2]，以此鼓励社会捐赠流向城市绿化项目，推动京津冀地区绿化建设。北京、河北还将在赛区周边新建10万亩水源保护林，以强化张家口、承德地区水源的水质巩固。[3]这些举措不仅为冬奥会提供了生态支撑，更是构建京津冀绿色屏障的有力措施。

图6-10 京礼高速华北第一高陡坡边坡完成修复[4]

---

[1] 曹智.京津冀协同发展生态保护和修复工程实施［EB/OL］.中国雄安官网，2022-03-28.
[2] 顾仲阳.张家口种植"冬奥会志愿者林"［N］.人民日报，2016-04-18（15）.
[3] 曹智，姚伟强.支持张承营造10万亩京冀生态水源保护林［EB/OL］.中国青年网，2017-06-05.
[4] 北京2022年冬奥会和冬残奥会区域发展遗产报告（2022）［R］.北京：北京2022年冬奥会和冬残奥会组织委员会，2022.

可存续环境区域协同治理的模式不仅可以解决京张延三大赛区内部的环境隐患，对于北京、张家口城市环境的改善，京津冀区域环境的协调也有着极大的促进作用。借助冬奥会契机探索区域环境协同治理的模式，也是城市、区域环境可存续发展的重要遗产。

（二）促进京津冀区域经济协调发展

2022年冬季奥运会的举办对探索出一种人口经济密集地区优化开发的模式，促进区域协调发展具有重要的意义。以往通过行政手段来限制大城市资源和资金聚集的调控方式在与市场规律的碰撞中常常受到阻碍。在机会和成本成正比的经济逻辑下，小城市难以取得强劲的动力来推动自身经济发展。面对北京张家口逐年扩大的经济差距，以及北京与延庆巨大的城镇化差距，2022年冬奥会搭建了一个桥梁以缩小发展差距，并且促进整个京津冀区域经济的协调发展。

处于体制中心的北京以往通过行政资源和财政资源的优势在聚集资源的同时，也导致了非首都功能的过度聚集，在与周边地区的竞争中行政干预力量过强，忽视了市场规律，使得自身经济高速发展的同时加速了对周边地区的剥削，形成了所谓的"不可持续海洋中的可持续孤岛"[1]。由于地区壁垒和条块分割的存在，京津冀区域商品、服务和要素的流动受到体制和行政区划的制约，既没有形成统一的市场，要素的空间配置也不够合理，经济严重发展不平衡，在资源配置、功能配套以及产业发展等方面存在较大差距。河北等地发展的滞后，也在一定程度上制约了非首都功能向外疏解，强化了北京的虹吸效应，而周边城市也面临着更加严峻的人才集聚困难、产业发展受限等问题，从

---

[1] GIDDINGS B, HOPWOOD B, O'BRIEN G.Environment, Economy and Society: fitting them together into sustainable development[J]. Sustainable Development, 2002, 10（4）: 187-196.

而导致"环首都贫困带"的形成。同时由于河北执行环保标准比许多省份高,因此企业需要投入资金和技术在环保上,生产成本也相对上浮,从而失去行业竞争力。煤炭高消耗的化工产业、钢铁产业原是缩小河北与京津地区GDP差距的重要途径,但却给河北经济的绿色、可持续发展带来隐患。

2022年冬奥会给予京津冀区域,特别是北京和河北一个在世界目光下深度合作的平台,对于破除体制机制障碍有着积极作用。在这个基础上,进一步加强京津冀经济和产业的对接和合作,在河北产业用地空间上,大力引进京津两地的资金、人才和技术资源,建设区域经济合作的创新平台,促进首都科技创新平台在京津冀地区的开放共享。借助2022年冬奥会的契机,实现北京与张家口等周边地区的联动发展,通过转移出去一部分"非首都功能"产业,有望让拥堵的城市重现井然的秩序。将制造业、农林牧渔业、批发和零售业等"非首都功能"产业向周边地区疏解,"腾笼换鸟"后发展高精尖产业结构,强化北京作为科技创新中心的核心功能,以促进经济可持续发展。目前北京市第二产业仅占地区生产总值比重的19.7%[1],已经进入后工业化阶段,产业结构高端化趋势十分明显。2016年河北省第二产业比重47.3%[2],仍然处于工业化阶段中期水平,与北京较大的产业结构差距使得产业协同难度加大。因此,分布在河北各县市的产业承接园区在摸清自身区位优势的基础上,明确与北京对接发展的定位和规划,完善园区基础设施和服务,避免园区间的同质化发展和恶性竞争,在市场的导向和调节下,建立京津冀三地成本分担和收益共享机制,从而强化京津冀产业一体化的成效,缩小三地经济差距。

---

[1] 北京市2016年国民经济和社会发展统计公报[R].北京:北京市统计局,2017-02-25.
[2] 河北省2016年国民经济和社会发展统计公报[R].石家庄:河北省统计局,2017-02-28.

冬奥会"绿色办奥"的理念，也给京津冀经济发展向绿色转型带来了新思路，探索一种资源、环境消耗与经济效益成反比的发展模式。在这个过程中，提升区域经济可持续发展的创新驱动力尤为重要，这就需要坚持企业在创新中的主体地位，增强科技进步对经济增长的贡献程度，并且以资源环境绩效高的新技术替代资源消耗多、生产效率低的旧技术，积极打造信息服务产业，并且加快劳动密集型技术向智能型技术的转变，将京津冀打造成为引领全国科技发展的科技创新中心。2018年平昌奥运会闭幕式上的"北京8分钟"就是将北京先进的人工智能技术向世界展示，并传递了冬奥会对绿色创新产业的支持和鼓励。在冬奥会上贯彻绿色经济理念还将对京津冀节能环保产业的发展起到促进作用。冬奥会场馆建设运营中使用的节能环保技术、采用的低碳环保材料、可再生能源的使用等，借助奥运平台向区域释放出发展绿色产业的信号，不仅鼓励绿色环保消费，强调生产过程中遵循低碳环保原则，更带动节能产业、资源综合利用产业、绿色能源产业以及污染治理等环保新技术、新产品、新服务产业发展。

冰雪产业作为冬奥会带动京津冀发展的新产业，在与之相关的场地、赛事、装备制造、教育培训，以及外围的旅游、休闲健康、房地产等方面，符合绿色、生态产业的基本要求。借助2022年冬奥会的契机积极发展冰雪产业，对于京津冀产业升级，带动区域经济增长有着重要意义。对于在首都发展中长期边缘化的延庆，通过举办冬奥会，在京张高铁的建设、基础设施的改善的基础上，加快产业结构的调整，构建冰雪运动和休闲旅游等绿色产业体系，加大新兴产业和现代服务业在三次产业中的比重，从而有效推动经济的绿色转型。而北京市自身受限于城市承载能力难以快速提升经济总量，冰雪产业的发展有助于引导居民消费结构的升级，从而拉动内需，带动城市经济的增长，并通过冰雪运动的发展带动冰雪教育培训、装备制造、赛事服务等相关产业的发展。

而张家口因为制度原因，使得经济的多样性以及产业升级动力不足、制度僵化、创新活力不够、社会的流动性不足，北京则通过制度优势使张家口更加边缘化。2022年冬季奥运会的举办可以说是张家口经济发展的良好机遇。在这个千载难逢的机会下，张家口得到了前所未有的关注，知名房企、投资基金、产业资金等优质资本在短时期内纷纷汇聚于此，资源迅速向这里"倾斜"，冰雪产业特色在冬奥会契机下得到了放大。借助完善的冬奥基础设施使得张家口在国际知名滑雪小镇的打造上具有得天独厚的条件，对于冰雪产业与旅游、装备制造、会展等产业的融合发展有着极大的促进作用。张家口也在申冬奥成功后确定了发展高端制造的"四大、两新、一高"产业定位[①]（见图6-11）。随着京张高铁的修建，张家口正式进入"首都一小时生活圈"，两地人流、物流、信息流的往来得到有效促进，"双城生活模式"使得张家口城市和房地产价值得到有效增长。处于环北京经济圈关键地势的张家口在京津冀区域经济协同发展中发挥积极作用，借助冬奥契机带动周边区域，甚至整个河北省的经济发展。在冬奥推动下，京冀得以跟传统冰雪大省平起平坐。

[①] 张家口市国民经济和社会发展第十三个五年规划纲要［EB/OL］. 张家口市人民政府，2016-06-08.

图6-11　张家口市高新区冰雪运动装备产业园内一造雪机生产企业[①]

对于河北省一些处于京津冀区域经济发展相对落后的地区，借助冬奥握好冬奥会带来的产业转型机会，通过规划和布局将北京转移出的物流、农产品供应和生态资源等功能发展为本地新的增长点，实现错位发展和有机联动。同时借助冬奥会的"东风"淘汰落后产能，加速产业升级的步伐。冬奥会在发展绿色经济方面为优化开发区域发展提供了示范和样板。2016年12月京津冀三省市体育局共同签署的《深入推进京津冀体育协同发展议定书》，对于推动《京津冀体育产业协同发展规划》的制定，打造京津冀冰雪体育产业集聚区，发展冰雪赛事和大众休闲健身等体育产业有着重要的推动作用。河北省《关于支持冰雪运动和冰雪产业发展的实施意见》的出台，就是在2022年冬奥会举办的契机下发展冰雪产业，打造冰雪产业聚集区的新举措，构建以张家口赛区为核心，以石家庄冰雪运动产业聚集区、承德冰上运动产业聚集区为两翼，以京张冰雪体育休闲旅游带、京东冰雪健身休闲带

---

① 北京2022年冬奥会和冬残奥会区域发展遗产报告（2022）[R]．北京：北京2022年冬奥会和冬残奥会组织委员会，2022.

和冀中南冰雪健身休闲带为支撑，构建"一核、两区、三带"冰雪运动和冰雪产业发展新格局。[①]

在冰雪旅游方面，打造"京张全季体育旅游嘉年华"IP品牌，每年举办"京张全季体育旅游嘉年华"。实施体育旅游示范项目创建行动。建设一批冰雪特色小镇、冰雪类体育综合体，培育一批国家级、省级体育产业示范基地、体育旅游精品项目。以京张体育文化旅游带建设为牵引，带动冰雪、大数据、可再生能源、现代制造、绿色农牧等产业优化升级，赋能奥运经济可持续发展。

在冰雪推广方面，河北在2022年开展群众冰雪赛事活动不少于500场。让广大中小学生熟练掌握1~2项真冰真雪运动技能。2022年评定冰雪项目体育传统特色学校150所，2025年年底累计评定600所。2022年全省开展各级青少年冰雪赛事活动不少于2000场，到2025年，全省培育打造一批形成届次的冰雪品牌赛事和群众冰雪活动。2022年河北省计划培训1500名专职或兼职冰雪运动教师，到2025年全省冰雪项目社会体育指导员20000人以上（见图6-12）。

图6-12　张家口市学生冰雪运动会雪地冰壶项目[②]

---

① 河北省人民政府办公厅关于支持冰雪运动和冰雪产业发展的实施意见［EB/OL］．河北省人民政府办公厅，2017-07-23.

② 北京2022年冬奥会和冬残奥会区域发展遗产报告（2022）［R］．北京：北京2022年冬奥会和冬残奥会组织委员会，2022.

在冰雪训竞方面，依托"三大基地"打造国际级冰雪竞赛训练基地。加强与国家体育总局合作，将崇礼高原国家（综合）训练基地、保定涞源国家跳台滑雪训练科研基地、河北承德国家体育训练基地等3个国家级体育训练基地建设成为技术领先、设施一流、环境优美的国际冰雪专业赛事中心、训练中心、科研培训中心。推进与北京体育大学、涞源县政府共建中国雪上运动学院。[①]

（三）推动京津冀和谐社会协同迈进

和谐社会的协同迈进要求在京津冀区域内协调三地的社会关系和制度安排，以实现区域间的平等互动，协作共进。

京津冀区域尽管所处的地理环境接近，但这一地区长期缺乏鲜明的地域文化，居民缺乏强烈的地区认同。北京作为首都在政策倾向上拥有强势的地位，天津尽管是中国主要港口之一并且拥有直辖市的身份，但一直以来被北京的光环掩盖，而河北省在整个区域中处于边缘化的地位，与京津发展差距巨大，公共资源分布不均衡则加剧了京津冀社会发展的不协调。通过举办2022年冬奥会的契机，有望强化京津冀在文化共识和普遍认同方面的凝聚力，增进相互合作，把北京过于集聚的优质公共服务功能辐射到更广泛的地区，既可以从京津冀整体空间上均衡布局，同时又将惠及京津冀区域更多的人民群众。

由于北京教育、医疗等公共服务机构、行政、事业性等社会服务体系功能的叠加，造成北京尤其是中心城区拥挤不堪。2015年8月国务院明确了"京津冀协同发展功能定位"，将京津冀协同发展的"第一要

---

① 河北省体育局加快推动后奥运经济发展实施方案［EB/OL］.河北省体育局，2022-05-09.

务"定位于调整疏解北京过于拥挤的问题，把对其首都功能影响不大的经济活动分散到周边区域，通过功能的疏解实现人口的减少，使北京改善拥堵现状，重新焕发城市活力。而延庆在冬奥会契机下除了丰富和完善市政基础设施，提高公共服务水平，还有望与北京其他城区形成新的合作形式。

北京冬奥会的举办，直接完善基础设施建设，搭建京张延三大赛区公共服务平台，从而提升赛区社会效益，促进主办城市和谐社会的建设。在交通设施方面，由于冬奥会冰上项目与雪上项目分别在北京、张家口举行，两地之间时间和距离的缩短也成了冬奥筹备工作的重要因素。目前，高速公路方面北京市至张家口赛区有京藏高速公路、京新高速公路和110国道连接。为保障2022年三个赛区间的交通服务，还建成连接"北京—延庆—张家口"三地的高速铁路（见图6-13）。2019年完工的京张高铁全线长约174公里，最高时速达350公里，从北京市区半小时内即可到达延庆赛区，到达张家口赛区花费时间也在1小时之内。然而这条铁路并不是为了申办冬奥会才专门修建的高铁，实际上在2010年国家"十二五"规划中，就已将北京到包头高铁的建设计划纳入其中，"北京—延庆—张家口"这一段只是原定规划中的一部分。在交通规划方面，北京冬奥会也充分体现出与城市总体交通规划相一致的可持续原则，不仅有益于交通设施的赛后充分利用，还与城市愿景高度契合。京张高铁的建设不仅为北京冬奥会提供有力的交通保障，还有利于推动京津冀地区交通网络建设，为沿线京冀地区带来发展新契机。

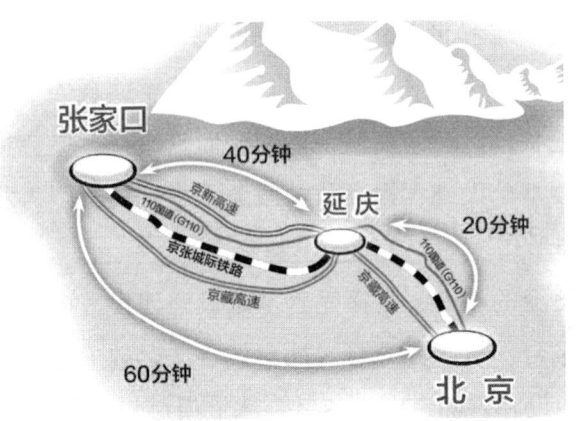

图6-13　2022年北京冬奥会赛区交通规划图

通过冬奥会带来的一条铁路、三条高速路，将实现京张地区的交通互联互通。随着交通和通信成本的不断下降，首都人力、物力等能在第一时间与张家口以及周边地区分享，河北省也从中受益。在冬奥会国际化标准的设施建设下，张家口市区及崇礼赛区的供水、供电、供气、供暖、通信、住宿，以及垃圾分类、无障碍设施等公共设施大大提升建设水平，直接服务于当地居民。除此之外，冬奥会快车道上高速发展的张家口，将吸引拥有大量的受过良好教育的知识分子精英阶层的集聚，通过与北京的互相学习、促进信息交换，使得城市更具竞争力。张家口以及河北省其他地区在承接北京转移的公共服务机构的同时，自身社会资源也有望得到充实。

在交通发展的同时，交通便利对首都资源集聚效应强化的负面效应也不容忽视。1998年长野冬奥会前日本修建的连接长野和东京的新干线动车，在缩短两地交通时间、方便居民生活的同时，也使得游客在长野游玩时选择在热闹、繁华的东京住宿，长野奥运村以及当地的住宿服务被大量闲置下来，不仅造成浪费，更不利于当地的发展。因此，京津冀区域在进行交通部署的同时，也在努力避免因交通便利带来的人才、资金和资源被北京虹吸的情况。

京津冀和谐社会的区域协同迈进，不仅在政策、资源、服务等方面实现协调，还在处理好劳动力转移就业中进城务工人员的资源分配问题做出努力。通过冬奥会对社会责任意识的引导，在疏解非首都功能时尽量缓解对处于人口结构"低端"的人群的冲击，注重城市管理的方式方法，完善进城务工人员的市民权益，并且消除歧视，关注低收入人群非正规居住、就业空间的合理存在。

在冬奥会的契机下，以京津冀地区为驱动的"三亿人参与冰雪运动"理想也将得以实现，这是国家主席习近平提出的北京举办冬奥会对国际奥林匹克运动发展的巨大贡献。京张冬奥的成功申办，给京津冀区域冰雪运动带来了巨大的机遇，不仅是冰雪产业的发展，群众性的冰雪运动、各类冰雪设施的建设、专业的冰雪赛事以及冰雪体育社团都将在冬奥会"三亿人参与冰雪运动"的契机下得以发展，冰雪文化以及生活方式也将在这一项目的实施下得到传播。

冰雪运动是一种绿色、健康的可持续生活方式，不仅突破了低温气候和湿滑环境的制约，为人们开拓了漫长冬季体育活动的时空，更使蜷缩在密闭的室内的人们走出户外，在冰雪环境中挑战自我，锤炼意志，更获得运动带来的身心愉悦感。除了通过竞技比赛给人们体育参与带来的吸引和鼓舞，冬季奥运会还给人们展示了一种实现人生价值、享受生命体验的体育生活化理念，使人们充分参与到体育休闲中来，并从体育参与中收获生活技能。在京津冀快速发展的带动下，冰雪运动将促进和引领我国北方地区和部分西部和南方地区冬季体育运动的开展，实现"北冰南展西扩"的远大目标。

针对京津冀三地健身休闲运动协同发展程度的不足，冬奥申办成功后国家体育总局等制定了《京津冀健身休闲运动协同发展规划（2016—2025年）》，目标是京津冀在未来十年形成区域性的休闲运动协同发展格局，京津冀健身休闲服务和产品以及参与人数都将大幅提高，从而推动"三亿人参与冰雪运动"目标的实现，并且积极发展除冰雪运动外的其他健身休闲运动，以满足非雪季期间群众的健身休闲需求。[①]这一规划也有效推进京津冀协同发展战略的实施。

举办一届赛事与城市可持续发展相协调的冬奥会，北京和张家口形成合力，一致部署，协同发展。冬奥会联合筹办和举办过程中生态环境的治理和改善、产业结构的升级和配套、社会资源的互通和平衡，也是北京和张家口自身和区域可持续发展的重要因素。在冬奥会的推动下，可持续发展目标能更好、更快、更有效地落实。冬奥会还为张家口甚至河北省这一欠发达地区提供了前所未有的发展机遇，在北京的带动下获取更大的发展空间，创造出更多积极、持久的奥运遗产，从而惠及公众。

六、小结

2022年北京冬奥会是在人口密集、环境污染严重、发展不均衡、社会资源不平等的城市及区域，探索如何对人居可存续环境改善、绿色经济发展以及和谐社会的构建做出可持续城市示范的契机，也是实践奥运会与可持续城市互动共赢新模式的良好平台。针对冬奥会依赖于时空环境的赛事特点以及我国"后发型"发展背景，实践奥运会与主办城市互动共赢模式，对于2022年北京冬奥会有着重要意义。

在可存续环境理念下，北京冬奥会在环境规划中将赛事环境治理

[①] 体育总局 国家发展改革委 国家旅游局关于印发《京津冀健身休闲运动协同发展规划（2016—2025年）》的通知［EB/OL］. 国家体育总局，2017-09-14.

转化为城市环境长期改善的契机，将冬奥设施规划与城市自身发展结合起来，并将冬奥筹办过程中形成的设施规划与环保措施作为遗产加以整理、利用和发展。

在绿色经济理念下，北京冬奥会有助于实践"绿色、共享、开放、廉洁"的办奥理念，并促进城市产业发展的绿色转型，利用冬奥会的举办推动城市经济的增长。

在和谐社会理念下，北京、张家口在冬奥会契机下提升城市公共服务水平，增进社会的包容与融合，并且促进城市居民可持续生活方式的塑造，以此推动城市的可持续发展。

北京冬奥会又是北京向西北方向推动京津冀一体化的重要契机。将奥运会与可持续城市互动共赢模式置于2022年冬季奥运会之中，对京津冀区域协同战略产生积极的影响，主要包括加速京津冀区域环境协同治理、促进京津冀区域经济协调发展、推动京津冀和谐社会协同发展等三个方面。

主要参考文献

一、中文专著

[1] 北京奥林匹克公园管理委员会.北京奥林匹克公园体育产业影响力及指数研究（2008—2015）[M].北京：北京体育大学出版社，2017.

[2] 北京改革和发展研究会，陈剑.京张冬奥发展报告2016[M].北京：中国文史出版社，2016.

[3] 贝尔，克里斯滕森，等.后奥林匹克主义？21世纪体育批判[M].王润斌，译.北京：人民体育出版社，2015.

[4] 波普诺.社会学：第十一版[M].李强，等译.北京：中国人民大学出版社，2007.

[5] 车文博.当代西方心理学新词典[M].长春：吉林人民出版社，2001.

[6] 陈剑.2004北京奥运经济报告[M].北京：北京出版社，2005.

[7] 陈新夏.可持续发展与人的发展[M].北京：人民出版社，2009.

[8] 法尔.可持续城市化：城市设计结合自然[M].黄靖，徐燊，译.北京：中国建筑工业出版社，2013.

［9］国际奥林匹克委员会.奥林匹克宪章1991［M］.詹雷,译.北京:奥林匹克出版社,1991.

［10］国际奥林匹克委员会:奥林匹克宪章［M］.詹雷,译.北京:奥林匹克出版社,1991.

［11］国际皮埃尔·德·顾拜旦委员会.奥林匹克主义:顾拜旦文选［M］.刘汉全,邹丽,等译.北京:人民体育出版社,2008.

［12］国家行政学院经济学教研部.中国经济新方位［M］.北京:人民出版社,2017.

［13］国务院研究室科教文卫司,国家体委政策法规司.体育经济政策研究［M］.北京:人民体育出版社,1997.

［14］李永进.和谐奥运:一次天人合一的盛会［M］.北京:科学出版社,2008.

［15］联合国,国际展览局,中华人民共和国住房和城乡建设部,等.上海手册:21世纪城市可持续发展指南·2016［M］.北京:商务印书馆,2016.

［16］马奎尔,扬.理论诠释:体育与社会［M］.重庆:重庆大学出版社,2012.

［17］马休尼斯,帕里罗.城市社会学:城市与城市生活［M］.姚伟,王佳,等译.北京:中国人民大学出版社,2016.

［18］普鲁斯.奥运经济学［M］.黄文卉,编译.北京:北京体育大学出版社,2008.

［19］任海.《奥林匹克2020议程》:寻求理想与现实之间新的平衡［M］//任海,达科斯塔,米拉加娅,等.奥林匹克研究读本·第二卷.北京:北京体育大学出版社,2016.

［20］盛馥来,诸大建.绿色经济:联合国视野中的理论、方法与

案例[M].北京：中国财政经济出版社，2015.

[21]世界环境与发展委员会.我们共同的未来[M].王之佳，柯金良，等译.长春：吉林人民出版社，1997.

[22]王润斌，李慧林，任振朋，等.国际奥委会通论[M].福州：福建教育出版社，2022.

[23]王雅林，董鸿扬.构建生活美：中外城市生活方式比较[M].南京：东南大学出版社，2003.

[24]普洛格，贝茨.文化演进与人类行为[M].吴爱明，邓勇，译.沈阳：辽宁人民出版社，1998.

[25]熊欢.身体、社会与体育：西方社会学理论视角下的体育[M].北京：当代中国出版社，2011.

[26]余守文.体育赛事产业与城市竞争力：产业关联·影响机制·实证模型[M].上海：复旦大学出版社，2008.

[27]郑锋.可持续城市理论与实践[M].北京：人民出版社，2005.

[28]郑杭生.社会学概论新修[M].北京：中国人民大学出版社，1994.

[29]中共中央马克思恩格斯列宁斯大林著作编译局.马克思恩格斯选集：第2卷[M].北京：人民出版社，1995.

[30]中共中央马克思恩格斯列宁斯大林著作编译局.马克思恩格斯选集：第4卷[M].北京：人民出版社，1995.

[31]朱文光，姜丽，朱丽.奥运社会学概论：五环走向辉煌的历程[M].济南：山东人民出版社，2010.

二、中文期刊

[1] 曹庆荣, 雷军蓉. 城市发展与大型体育赛事的举办[J]. 西安体育学院学报, 2010, 27(4).

[2] 陈建. 一座城市的力量: 从奥运话伦敦[J]. 北京规划建设, 2006(4).

[3] 陈晓恬, 任磊. 百年奥运场馆构成与总体布局的演变[J]. 城市规划学刊, 2007(1).

[4] 程亮, 祁红, 付蕾. 水上赛事对风景区水域水环境的影响: 以黄山太平湖风景区全国摩托艇锦标赛为例[J]. 北京体育大学学报, 2011, 34(12).

[5] 仇军, 周建军. 论运动竞赛的社会效益[J]. 上海体育学院学报, 2006(3).

[6] 董杰. 奥运会对举办城市经济的负面影响及对策研究[J]. 西安体育学院学报, 2004(2).

[7] 董进霞. 北京奥运会遗产展望: 不同洲际奥运会举办国家的比较研究[J] 体育科学, 2006(7).

[8] 段龙龙, 张健鑫, 李杰. 从田园城市到精明增长: 西方新城市主义思潮演化及批判[J]. 世界地理研究, 2012, 21(2).

[9] 符亚明, 吴朋. 奥运会与通货膨胀的机理研究[J]. 生态经济, 2007(3).

[10] 高斯帕, 郭云鹏. 体育运动与生态环境[J]. 体育文史, 2000(2).

[11] 安布罗尼西, 贝尔塔, 博尼诺, 等. 可持续发展的奥运会? 都灵2006年冬奥会的背景和遗产[J]. 世界建筑, 2015(9).

［12］顾伟杰.后奥运时期北京城市公共游憩空间建设与市民幸福指数关系分析［J］.体育与科学,2011,32（3）.

［13］顾宗培.奥运建设对主办城市发展的影响［J］.建筑师,2008（3）.

［14］何振梁.奥林匹克运动中的文化与教育［J］.体育文史,2000（5）.

［15］胡博然,孙湛宁.北京冬奥会背景下奥运场馆与城市体育文化共生内在逻辑与发展策略［J］.体育文化导刊,2021（12）.

［16］胡国华.浅析应对城市蔓延的三种思潮:"紧凑城市""新城市主义""精明增长"［J］.建设科技,2013（15）.

［17］胡乔,陶玉流.城市竞争力视域下大型体育赛事的效益研究［J］.体育与科学,2009,30（4）.

［18］郇昌店,易剑东.奥运会"New Norm"解析与北京冬奥会筹办策略［J］.上海体育学院学报,2019,43（1）.

［19］黄凤娟,付哲敏.大型体育赛事管理中的体育场馆选址问题的建模与分析［J］.沈阳体育学院学报,2010,29（3）.

［20］黄磊,林显鹏.举办大型体育赛事对城市经济更新的影响及其作用路径研究［J］.湖北社会科学,2020（5）.

［21］黄璐,邬建国,严力蛟.城市的远见:可持续城市的定义及其评估指标［J］.华中建筑,2015,33（11）.

［22］黄艳.在北京城市发展战略与规划下的北京奥运会场馆设施规划建设［J］.建筑学报,2008（10）.

［23］李海,盘劲呈,杨倩.大型体育赛事助推城市更新的内在逻辑、现实困境与策略选择:基于全运会举办城市视角［J］.西安体育学院学报,2021,38（5）.

［24］李松志，董观志.城市可持续发展理论及其对规划实践的指导［J］.城市问题，2006（7）.

［25］李铁北.浅谈奥运的长期影响：以悉尼城市规划为例［J］.中国城市经济，2007（7）.

［26］李站平.增强民族文化竞争力的当下思考：以北京奥运城市体育文化节为例［J］.人民论坛，2012（35）.

［27］梁鹤年.精明增长［J］.城市规划，2005（10）.

［28］廖含文，艾萨克.奥运会城市重构［J］.城市建筑，2007（11）.

［29］林显鹏，虞重干.现代奥运会对主办城市经济发展的影响及其规律研究［J］.上海体育学院学报，2006（2）.

［30］林显鹏.现代奥运会体育场馆建设及赛后利用研究［J］.北京体育大学学报，2005（11）.

［31］林仲煜，胡纹，金伟.中国可持续城市形态构建研究［J］.重庆大学学报（社会科学版），2006（4）.

［32］凌亢，赵旭，姚学峰.城市可持续发展评价指标体系与方法研究［J］.中国软科学，1999（12）.

［33］刘海唤.人文体育与城市形象塑造的关系：以广州举办亚运会为例［J］.广州体育学院学报，2010，30（5）.

［34］刘彦.大型体育赛事对城市经济和社会发展的推动作用［J］.南京体育学院学报（社会科学版），2008（3）.

［35］柳鸣毅，周孝伟，蒋清，等.大型体育赛事与城市发展互动效应研究：以四大网球公开赛为例［J］.南京体育学院学报（社会科学版），2011，25（3）.

［36］陆枭麟，张京祥.宏观经济环境变迁与城市大事件效应［J］.国际城市规划，2010，25（2）.

[37] 闵新亚.2003年五城会对推动长沙城市建设现代化水平及市场化运作的分析［J］.安徽体育科技,2005（3）.

[38] 聂婷."后奥运经济"的发展研究:基于历届奥运会举办城市发展状况的对比分析［J］.中小企业管理与科技,2007（9）.

[39] 任海.北京奥运会后效应的思考［J］.体育文化导刊,2005（4）.

[40] 茹晓阳,王成.文化、空间与生活:城市社会学视野下体育与城市研究评述［J］.上海体育学院学报,2023,47（10）.

[41] 沈建华,肖锋.大型体育赛事对城市形象的塑造［J］.沈阳体育学院学报,2004（6）.

[42] 沈望舒.访澳启示录:奥运搭台如何唱戏［J］.北京观察,2005（5）.

[43] 宋兆峰,罗建英.大型体育赛事对城市文化的影响机制［J］.杭州师范大学学报（自然科学版）,2011,10（6）.

[44] 孙葆丽,沈鹤军,王月,等.奥林匹克运动可持续发展深化改革研究［J］.天津体育学院学报,2020,35（1）.

[45] 孙葆丽,宋晨翔,杜颖,等.温哥华冬奥会遗产工作研究及启示［J］.北京体育大学学报,2017,40（10）.

[46] 孙葆丽."人文奥运"的无形遗产［J］.领导文萃,2008（6）.

[47] 孙海燕.耦合性:大型竞技运动赛事与城市经济良性互动的关键［J］.南京体育学院学报（社会科学版）,2004（6）.

[48] 孙伟.后奥运时期我国城市体育文化创新的路径选择［J］.成都体育学院学报,2010,36（12）.

[49] 孙晓,刘旭升,李锋,等.中国不同规模城市可持续发展综合评价［J］.生态学报,2016,36（17）.

［50］唐相龙."精明增长"研究综述［J］.城市问题,2009(8).

［51］唐晓彤.大型国际体育赛事对社会发展的波及效应［J］.广州体育学院学报,2007(1).

［52］唐子来,陈琳.经济全球化时代的城市营销策略:观察和思考［J］.城市规划学刊,2006(6).

［53］王成.青奥遗产:理论梳理与视点分析:南京青奥会精神遗产研究之一［J］.体育成人教育学刊,2013,29(5).

［54］王小健,陈眉舞.大事件建筑规划设计与城市空间协同发展研究［J］.华中建筑,2007(8).

［55］王真真,王相飞,延怡冉.大型体育赛事的新媒体话语策略与国家认同构建［J］.成都体育学院学报,2021,47(1).

［56］王智慧.大型体育赛事举办后对承办地区居民幸福指数影响的实证研究［J］.体育科学,2012,32(3).

［57］魏然.日本NHK的2020年奥运会传播战略及启示［J］.中国电视,2016(9).

［58］吴唯佳.21世纪城市:可持续发展及面临的挑战［J］.国外城市规划,2001(2).

［59］肖锋,姚颂平,沈建华.举办国际体育大赛对大城市的经济、文化综合效应之研究［J］.上海体育学院学报,2004(5).

［60］熊晓正,王润斌.对北京奥运会"独特遗产"的理解:实现"跟着讲"向"接着讲"的跨越［J］.武汉体育学院学报,2006(10).

［61］熊艳芳.奥运会对举办城市的负面影响［J］.体育文化导刊,2008(2).

［62］徐拥军,闫静."奥运遗产"的内涵演变、理性认知与现实意义［J］.首都体育学院学报,2019,31(3).

［63］徐拥军，张丹，闫静.奥运遗产理论的构建：原则、方法和内涵［J］.成都体育学院学报，2021，47（2）.

［64］许彩明，丁焕香.奥运会对主办城市短期经济影响的相对效率评价［J］.体育科学，2009，29（4）.

［65］鄢慧丽.体育赛事与举办地城市发展的耦合时序演化及影响因素研究［J］.中国体育科技，2019，55（3）.

［66］颜鸿填，龙秋生.大型赛事对城市经济产生的乘数效应研究：以广州亚运会为实证研究［J］.广州体育学院学报，2011，31（2）.

［67］杨东峰，殷成志，龙瀛.从可持续发展理念到可持续城市建设：矛盾困境与范式转型［J］.国际城市规划，2012，27（6）.

［68］杨东峰，殷成志.可持续城市理论的概念模型辨析：基于"目标定位—运行机制"的分析框架［J］.城市规划学刊，2013（2）.

［69］杨炯，唐晓彤.大型体育赛事的相关经济效应问题研究［J］.中国体育科技，2006（3）.

［70］杨乐平，张京祥.重大事件项目对城市发展的影响［J］.城市问题，2008（2）.

［71］杨三军，吴庆坡，叶茂盛.北京冬奥会经济效益和生态效益协同发展研究［J］.体育文化导刊，2023（8）.

［72］姚小林.2002—2022年：冬奥会举办城市体育场馆规划发展趋势［J］.武汉体育学院学报，2016，50（3）.

［73］易剑东.大型赛事对中国经济和社会发展的影响论纲［J］.山东体育学院学报，2005（6）.

［74］游松辉，孔庆涛.从悉尼奥运会看奥运会对举办城市的影响［J］.上海体育学院学报，2003（5）.

［75］袁建伟，姚孔运.体育赛事与贵州独特地域文化资源的融合

研究［J］．体育文化导刊，2014（7）．

［76］袁懋栓．绿色奥运、科技奥运、人文奥运三大理念是奥运非物质遗产［J］．北京社会科学，2008（3）．

［77］张禾．体育赛事举办对市民公共文明行为与综合满意度指数影响的研究［J］．体育与科学，2010，31（6）．

［78］张金萍．最绿色的冬奥　最清洁的低碳：聚焦2022冬奥场馆建设中的绿色低碳实践［J］．资源与人居环境，2022（3）．

［79］张京祥，陆枭麟，罗震东，等．城市大事件营销：从流动空间到场所提升：北京奥运的实证研究［J］．国际城市规划，2011，26（6）．

［80］张京祥，罗小龙，殷洁，等．大事件营销与城市的空间生产与尺度跃迁［J］．城市问题，2011（1）．

［81］张京祥，殷洁，罗震东．地域大事件营销效应的城市增长机器分析：以南京奥体新城为例［J］．经济地理，2007（3）．

［82］张婧，周杨，杨春志，等．中国可持续城市的研究视角与进展［J］．资源开发与市场，2015，31（1）．

［83］张鲲，史兵，张西平．北京举办奥运会的通货膨胀风险及控制研究［J］．体育科学，2002，22（4）．

［84］张萍，孙俊涛．北京奥运会对城市旅游业发展的影响［J］．体育文化导刊，2012（2）．

［85］张群喜．社会体育在培养社交能力和增强社会凝聚力中的作用研究［J］．当代体育科技，2023，13（23）．

［86］张小林，李培雄，龙佩林．"绿色奥运"理念下构建我国大型体育赛事的绿色调控体系［J］．体育学刊，2006（6）．

［87］赵弘，何芬．论可持续城市［J］．区域经济评论，2016（3）．

［88］赵燕菁．奥运会经济与北京空间结构调整［J］．城市规划，

2002（8）.

［89］周，沃伦，波特，等.奥运遗产的难题：设计超越奥运会的交通体系［J］.城乡规划，2013（1）.

［90］周晓丽，马小明.国际体育赛事对举办城市旅游经济影响实证分析［J］.经济问题探索，2017（9）.

［91］诸大建.关于可持续发展的几个理论问题［J］.自然辩证法研究，1995（12）.

［92］郑锋.可持续城市理论与实践［M］.北京：人民出版社，2005.

三、中文报纸

［1］迟野，梁璇.索契的后冬奥景象［N］.中国青年报，2015-08-01（4）.

［2］慈鑫.奥运助巴塞罗那再生的启示［N］.中国青年报，2013-08-04（3）.

［3］符遥，李明子.昔日贫困县河北崇礼被冰雪改变：如今闻名亚洲，房价涨了三倍［N］.中国新闻周刊，2018-01-12.

［4］顾仲阳.张家口种植"冬奥会志愿者林"［N］.人民日报，2016-04-18（15）.

［5］王笑笑，李如意.北京冰雪产业规模将达400亿［N］.北京日报，2016-10-20（11）.

［6］习近平.坚持可持续发展　共创繁荣美好世界：在第二十三届圣彼得堡国际经济论坛全会上的致辞［N］.人民日报，2019-06-08（2）.

［7］习近平对办好北京冬奥会作出重要指示［N］.人民日报，2015-11-25（1）.

[8]杨敏.平昌冬奥会最低票价仅120元,人工造雪花费不菲[N].广州日报,2016-11-25.

四、其他中文文献

[1]陈璐瑶.中国马拉松赛事对城市经济影响的实证研究[D].郑州:河南财经政法大学,2019.

[2]刘晶晶.现代体育场与城市空间研究:以2006年德国世界杯体育场为例[D].上海:同济大学,2008.

[3]王丹.生态文化与国民生态意识塑造研究[D].北京:北京交通大学,2014.

[4]张现成.广州居民对亚运举办民生举措的知觉和满意度及其对凝聚力的影响[D].武汉:华中师范大学,2011.

[5]21世纪议程[R].联合国环境与发展大会,1992.

[6]北京2022年冬奥会和冬残奥会区域发展遗产报告(2022)[R].北京:北京2022年冬奥会和冬残奥会组织委员会,2022.

[7]北京市2016年国民经济和社会发展统计公报[R].北京:北京市统计局,2017-02-25.

[8]关于冬奥会延庆赛区应急水源保障工程建设项目前期工作函[R].北京:北京市发展和改革委员会,2016.

[9]河北省2016年国民经济和社会发展统计公报[R].石家庄:河北省统计局,2017-02-28.

[10]京津冀协同发展生态环境保护规划[R].北京:国家发改委,2015.

[11]可持续的城市化的有效治理、决策和规划[R].联合国经济及社会理事会,2014.

［12］张家口市2016年国民经济和社会发展统计公报［R］. 张家口：张家口市统计局，2017.

［13］张家口市人民政府办公室关于印发《张家口市"冬奥惠民"工程建设实施方案》的通知［R］. 张家口：张家口市人民政府，2017.

［14］中国城市竞争力第15次报告［R］. 北京：中国社会科学院，2017.

五、英文专著

［1］ANTHONY V. After the Gold Rush-A sustainable Olympics for London［M］. London：Institute for Public Policy Research，2004.

［2］BAADE R A，MATHESON V A. Bidding for the Olympics：Fool's Gold?［M］//BARROS C，IBRAHIM M，SZYMANSKI S. Transatlantic Sport. London：Edward Elgar Publishing，2003.

［3］BALE J，CHRISTENSEN M K. Post-Olympism? Questioning Sport in the Twenty-First Century［M］. London：Routledge，2004.

［4］BEATY A. The Homeless Olympics?［M］//JAMES C，SOUTH J，BEESTON B，et al. Homeless：the Unfinished Agenda. Sydney：University of Sydney，1999.

［5］BLUMER H. Symbolic Interactionism：Perspective and Method［M］. Eenglewood Cliffs，NJ：Prentice-Hall，1969.

［6］BRUNET F. An Economic Analysis of the Barcelona 1992 Olympic Games：Resources，Financing and Impact［M］. Bellaterra：Serve de Publicacions de la Universitat Autonoma de Barcelona，1995.

［7］BRUNET F. An economic analysis of the Barcelona'92 Olympic Games：resources，financing and impact［M］//DE MORAGAS M，

BOTELLA M. The Keys to Success. The Social Sporting Economic and Communication Impact of Bacelona'92. Barcelona: Universitat Autonoma de Barcelona, 1995.

[8] CASHMANG, CASHMAN R. Red, black and gold: Sydney aboriginal people and the Olympic Games [M]. Sydney: Centre for Olympic Studies, UNSW, 2000.

[9] EUROPEAN COMMISSION. European Sustainable Cities: Report/Expert Group on the Urban Environment [M]. Luxembourg: OOPEC, 1996.

[10] HANGHTON G. Sustainable Cities [M]. London: Jessiea Kingsley Pubishers, 1996.

[11] HAUGHTON R, HUNTER M. Sustainable Cities [M]. London: Jessica Kingsley Publishers, 1992.

[12] HOOPER I. The Value of Sport in Urban Regeneration [M] // GRATTON C, HENRY I. Sport and the City: the role of sport in economic and social generation. London: Routledge, 2001.

[13] KUIK O, VERBRUGGEN H. In Search of Indicators of Sustainable Development [M]. Dordrecht: Kluwer, 1991.

[14] MEGA V, PEDERSEN J. Urban Sustainability Indicators [M]. Dublin, Ireland: European Foundation for the Improvement of Living and Working Conditions, 1998.

[15] MUNIER N. Handbook on Urban Sustainability [M]. Berlin: Springer, 2006.

[16] NIJKAMP P. Sustainable Cities in European [M]. London: Earthscan Publications Limited, 1994.

[17] PEARCE D, MARKANDYA A, BARBIER E B. Blueprint for a Green Economy [M]. London: Earthscan, 1989.

[18] PORTNEY K. Taking Sustainable Cites Seriously [M]. Cambrige, MA: MIT Press, 2003.

[19] PRESCOTT-ALLEN R. The wellbeing of nations: a country-by-country index of quality of life and the environment [M]. Washington, Covelo, London: Island Press, 2001.

[20] OLIVER R, LAUERMANN J. Failed olympic bids and the transformation of urban space: lasting legacies [M]. London: Palgrave Macmillan, 2017.

[21] ROSELAND M. Toward Sustainable Communities: Resources for Citizens and Their Governments [M]. Gabriola Island: New Society, 2005.

[22] RUTHHEISER D. Imagineering Atlanta: The Politics of Place in the City of Dreams [M]. New York: Verso, 2000.

[23] Sustainable Development in Communities: Inventory of Existing Guidelines and Approaches on Sustainable Development and Resilience in Cities [M]. Switzerland: ISO, 2017.

[24] TJALLINGII S P. Ecopolis: Strategies for Ecologically sound Urban Development [M]. Leiden: Backhuys Publishers, 1995.

[25] UN-HABITAT, UNEP. Sustainable Cities Programme 1990-2000 [M]. Nairobi, 2002.

[26] WACKERNAGEL M, REES W E, TESEMALE P. Our Ecological Footprint: Reducing Human Impact on the Earth [M]. British Columbia, Canada: New Society Publishers, 1996.

[27] WALTER B J, ARKIN L N, CRENSHAW R W. Sustainable

Cities: Concepts and Strategies for Eco-city Development [M]. Los Angeles: Eco-Home Media, 1994.

[28] WU J, WU T. Sustainability indicators and indices: an overview [M]. Singapore: World Scientific, 2010.

[29] WU J. A Landscape Approach for Sustainability Science [M] // WEINSTEIN M P, TURNER R E. Sustainability Science: The Emerging Paradigm and the Urban Environment. Berlin: Springer, 2011.

[30] ZOLATOS X. Economic Growth and Declining Social Welfare[M]. New York: University Press, 1981.

六、英文期刊

[1] ANDRANOVICH G, BURBANK M J, HEYING C H. Olympic cities: Lessons learned from Mega-event politics [J]. Journal of urban affairs, 2001, 23(2).

[2] ANTROP M. Sustainable landscapes: contradiction, fiction or utopia? [J]. Landscape Urban Planning, 2006, 75(3-4).

[3] BAADE R A, MATHESON V A. The Quest for the Cup: Assessing the Economic Impacts of the World Cup[J]. Regional Studies, 2004, 38(4).

[4] BOO S, BUSSER J A. Impact Analysis of a Tourism Festival on Tourists Destination Images [J]. Event Management, 2006, 9(4).

[5] BURBANK M J, ANDRANOVICH G, HEYING C H. Mega-events, Urban Development and Public Policies [J]. Review of Policy Research, 2002, 19(3).

[6] CAIAZZA R, AUDRETSCH D B. Can a sport mega-event support hosting city's economic, socio-cultural and political development? [J].

Tourism Management Perspectives, 2015(14).

[7] CAMPBELL S. Green Cities, Growing Cities, Just Cities?[J]. Journal of American Planning Association, 2004, 62(3).

[8] CONWAY T M, Lathrop R G. Alternative land use regulations and environmental impacts: assessing future land use in an urbanizing watershed [J]. Landscape Urban Plan, 2005, 71(1).

[9] DING X H, ZHONG W Z, SHEARMUR R G, et al. An inclusive model for assessing the sustainability of cities in developing countries - Trinity of Cities' Sustainability from Spatial, Logical and Time Dimensions (TCS-SLTD)[J]. Journal of Cleaner Production, 2015, 109.

[10] ESSEX S, CHALKLEY B. Gaining World City Status through Staging the Olympic Games[J]. Geodate, 2004, 17(4).

[11] FRENCH S P, DISHER M E. Atlanta and the Olympics [J]. Journal of the American Planning Association, 1997(63).

[12] GIDDINGS B, HOPWOOD B, O'BRIEN G. Environment, Economy and Society: fitting them together into sustainable development [J]. Sustainable Development, 2002, 10(4).

[13] HALL C M. The Effects of Hallmark Events on Cities [J]. Journal of Tourism Research, 1987, 26(2).

[14] HARVEY D. From Managerialism to Entrepreneurialism: The Transformation in Urban Governance in Late Capitalism [J]. Geografiska Annaler, 1989, 71(1).

[15] HILLER H H. Mega-events, urban boosterism and growth strategies: An analysis of the objectives and legitimations of the Cape Town 2004 Olympic bid [J]. International Journal of Urban and Regional

Research, 2003, 24(2).

[16] ABAD J M. The Growth of Olympic City of Barcelona [J]. Olympic Review, 2001(4-5).

[17] LEIGH A, WOLFERS J. Happiness and the human development index: Australia is not a paradox [J]. Australian Economic Review, 2006, 39(2).

[18] LEOPKEY B, PARENT M. Olympic games legacy: from general benefits to sustainable long-term legacy [J]. The International Journal of the History of Sport, 2012, 29(6).

[19] MCCARTNEY G J. Hosting a Recurring Mega Event: Visitor Raison [J]. Journal of Sport Tourism, 2005, 10(2).

[20] MOORE R. A sporting chance for London[J]. Prospect, 2010(3).

[21] MÜLLER M. After Sochi 2014: cost and impacts of Russia's Olympic Games [J]. Eurasian Geography and Economics, 2014, 55(6).

[22] NEWTON P W. Horizon 3 Planning: meshing livability with sustainability [J]. Environment and Planning B: Planning and Design, 2007, 34(4).

[23] NIEMI G J, MCDONALD M E. Application of ecological indicators [J]. Annual Review of Ecology, Evolution and Systematics, 2004, 35.

[24] ONISHI T, A Capacity Approach for Sustainable Urban Development: an Empirical Study [J]. Regional Studies, 1994, 28(1).

[25] QUENTAL N, LOURENÇO J M, Da Silva F N. Sustainable development policy: goals, targets and political cycles [J]. Sustainable Development, 2011(19): 15-29.

[26] SCHIMMEL K S. Deep Play: Sports Mega-events and Urban Social Conditions in the USA [J]. Sociological Review, 2006, 54(2).

[27] SOLBERG H A, PREUSS H. Major sport events and long-term tourism impacts [J]. Sport Management, 2007, 21(2).

[28] VAN DE KERK G, MANUEL A R. A comprehensive index for a sustainable society: The SSI - the Sustainable Society Index [J]. Ecological Economics, 2008, 66(2-3).

[29] YIFTACHEL O, HEDGCOCK D. Urban Social Sustainability: the Planning of an Australian City [J]. Cities, 1993, 10(2).

七、其他英文文献

[1] COX G, DARCY M, BOUNDS M.The Olympics and Housing: A Study of Six International Events and Analysis of the potential Impacts of the Sydney2000 Olympics [R]. Sydeny: Housing and Urban Studies Research Group, University of Western Sydney, 1994.

[2] GUALA C. Rebuilding Turin's Image: identity and social capital looking forward to 2006 Winter Olympics Games [R]. 39th ISo Ca RP Congress, 2003.

[3] HAMMER S, KAMAL-CHAOUI L, ROBERT A, et al. Cities and green growth: a conceptual framework OECD regional development working paper [R]. Paris: OECD, 2011.

[4] INDOVINA F. Os Grandes Events ea Cidade Ocassional [R]. Lisbon: Bizancil, 1999.

[5] MUÑOZ J. Theme 3: Partnerships [R]. LIMA: 15th IOC World Conference on Sport for All Final Report, 2013.

［6］OECD. Environmental policies for cities in the 1990s［R］. Paris: OECD, 1990.

［7］Olympic Games Study Commission-Interim Report tu the 114th IOC Session［R］. Mexico, 2002.

［8］POUND R W. The Olympic Game Study Commission［R］. Prague, 2003.

［9］Pyeongchang 2018 Olympic and Paralympic Winter Games Sustainability Interim Report［R］. PyeongChang 2018, 2017.

［10］South Pacific Applied Geoscience Commission(Sopac), United Nations Environment Programme(Unep). Building Resilience in SIDS-The Environmental Vulnerability Index［R］. SOPAC Technical Report, Suva: Fiji Islands, 2005.

［11］TEEPLE P. A Ganar: Sport as a tool for youth employment［R］. LIMA: 15th IOC World Conference on Sport for All Final Report, 2013.

［12］UNCHS/UNEP.General information: sustainable cities and local governance［R/OL］.［2016-12-03］. http://www.unchs.org/scp/info/general/general.htmL.

［13］UNITED NATIONS. Report of the United Nations Conference on the Human Environment［R］. New York: United Nations, 1972.

［14］WCED. Our common future: report of the world commission on environment and development［R］. Oxford: Oxford University Press, 1987.